공매 투자,
지금이 기회다

부자 꿈의 설계도가 되어줄

공매 투자,
지금이 기회다

김헌식, 양선승, 백석기, 추수권 지음

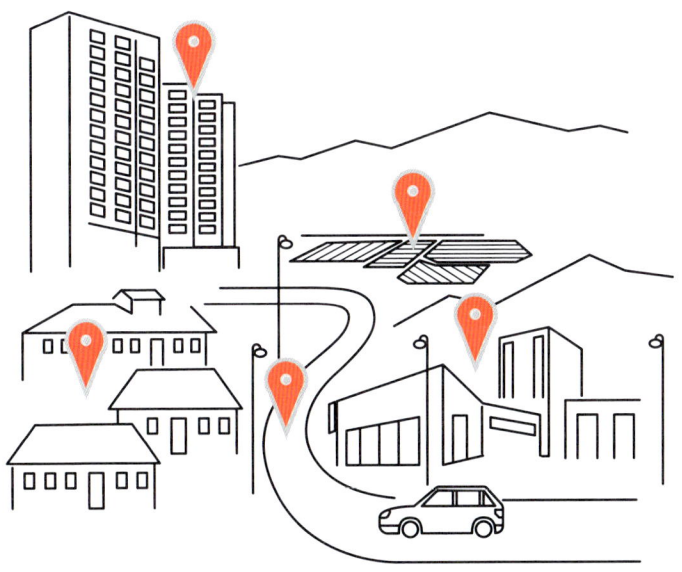

매일경제신문사

프롤로그

준비된 자에게
기회가 온다

노벨경제학상 수상자인 앵거스 디턴(Angus Deaton) 프린스턴대 교수의 '돈과 행복의 상관 관계'에 대한 연구 결과 논문은 매우 흥미롭다. 2008~2009년 미국 전역 45만 명을 대상으로 한 갤럽 설문조사를 토대로 통계를 내봤더니 '소득이 높아질수록 삶에 대한 만족도는 계속 높아지지만, 행복감은 연봉 7만 5,000달러(약 8,500만 원)에서 멈춘다'는 결과가 나왔다. 쉽게 말해 연봉이 5,000만 원에서 6,000만 원, 6,000만 원에서 7,000만 원으로 높아질 때는 돈의 액수와 비례해 행복감도 높아진다. 하지만 연 8,500만 원 이상을 벌게 되면 연봉이 9,500만 원, 1억 원이 되어도 더 행복해지지 않는다는 것이다(2010년에 발표된 논문 결과이니 물가상승률을 감안하면 현재는 이보다 다소 높은 연봉 기준을 적용해야 할 것이다).

인생을 선택하고 책임지는 데 떼려야 뗄 수 없는 게 바로 자본

(돈)이다. 물론 앞의 연구 결과처럼 돈이 많으면 많을수록 더 행복하다는 의미는 아니다. 사람마다 가치관이 다르기에 돈의 많고 적음의 기준이 다르겠지만, 적어도 행복을 느낄 정도의 자본은 필요하다. '가난이 대문으로 들어오면 사랑은 창문으로 도망친다'는 말이 있듯, 행복한 가정을 유지하기 위해서도 자본은 필수다. 바야흐로 4차 산업혁명이 도래했다. 앞으로 대부분의 일들은 인공지능이 대신해줄 것이다. 직업을 뺏긴 사람들은 수입 감소와 남아도는 시간 앞에서 우왕좌왕할 것이다. 이런 미래를 맞지 않기 위해서 여러분은 움직여야 한다. 경제적 자유를 이뤄 행복한 가정을 지키기 위해 부동산 재테크에 나서야 하는 이유다.

대부분의 사람들은 어떤 사람이 부를 얻거나 성공하면 그저 운이 좋다고 이야기한다. 부와 성공을 이루기까지 그의 비하인드 스토리는 모르면서 말이다. 사람들은 수많은 스토리가 결집된 과정 자체는 알려고 하지 않는다. 단지 '운이 좋아서', '기회가 와서'라고 시기하며 그러지 못한 스스로를 위로한다. 하지만 단지 운만으로 성공한 사람은 없다. 이미 오래전부터 치열하게 준비해온 결과, 준비된 자에게 기회가 온 것이다. 어쩌다 손에 쥐게 된 행운이 아니라 노력의 과정 끝에 얻는 당연한 결과다. 부단히 준비했기에 기회를 보는 눈을 가질 수 있었던 것이다.

다가오는 횟수가 다를 수는 있어도 모든 사람에게 기회는 찾아

온다. 하지만 모두가 그 기회를 잡는 것은 아니다. 그것이 기회였다는 것을 모르고 지나가거나, 그 기회를 잡을 준비가 안 되어서 잡지 못하는 경우가 대부분이다. 대부분 사람들은 종잣돈이 생긴 다음에 본격적으로 재테크 공부를 하겠다고 한다. 그러나 필자의 생각은 좀 다르다. 종잣돈이 모이기 전에 미리 공부를 열심히 해두어야 한다. 결정할 수 있는 용기, 그것은 종잣돈만으로는 절대 나오기 어렵기 때문이다. 그리고 가끔은 없는 종잣돈도 만들어내는 대단한 위력을 가진 것이 용기이기도 하다.

자, 지금 원하는 목표를 향해 용기를 내어 도전해보면 어떨까? 핑계나 변명거리를 만들기 전에 노력하는 사람이 성공의 문에 먼저 다가설 수 있다.

여러분의 투자 성공을 기원하며
김헌식, 양선승, 백석기, 추수권

CONTENTS

 준비된 자에게 기회가 온다 - 4

 **Part1.**
부동산 재테크, 공매는 인생의 기회다

- 15 과연 급매로 살 수 있을까?
- 18 부동산 재테크의 시작, 공·경매
- 22 경매로 팔리는 이유
- 30 공매로 팔리는 이유
- 36 진행 절차가 빠른 공매
- 41 공매는 온라인 입찰을 한다

 **Part2.**
300만 원만 있어도 공매 투자한다

- 49 돈이 적어도 얼마든지 물건은 많다
- 51 소액 투자, 190만 원에 사서 580만 원에 팔다
- 54 3,800만 원에 사서 5,800만 원에 판 지분 투자
- 57 성공하는 지분 매수 전략
- 61 340만 원 낙찰, 1,400만 원에 판 소액 투자
- 65 남이 필요로 하는 땅을 낙찰받으면 백전백승
- 67 남의 집 뒷마당 낙찰, 1개월 만에 되팔다
- 70 상대방도 수긍할 수 있는 금액으로 팔아야 좋다
- 72 인간미 있는 공매를 지속하려면…

Part3.
공매, 이것만은 꼭 알고 입찰하자

- 79 경매에서 먼저 낙찰되었지만, 공매가 이긴 이유
- 86 농지, 매수대금 완납하고도 소유권을 놓친 사연
- 91 말소기준권리 찾는 법
- 97 임차인의 대항력 분석법
- 102 선순위 전세권(말소기준권리보다 앞선 전세권), 바람 잘 날 없다?
- 105 매각으로 소멸되지 않는 전세권, 권리분석 방법
- 109 누구는 1억 원을 날리고, 누구는 1억 원을 돌려받은 이유는?
- 116 체납액을 대납하고 공매를 취소해 손해를 줄이다
- 119 다섯 번의 낙찰, 그중 네 명이 공매보증금을 몰수당한 사연은?
- 124 조세채권은 압류일자가 아닌 법정기일이다
- 129 도장 한 번 찍어주고 고액을 받은 사연

Part4.
다양한 공매 물건으로 수익을 높이자

- 137 공매낙찰 후 철거, 빌라를 신축해 5억 원을 벌다
- 142 재건축 아파트 공매낙찰, 16억 원의 시세차익 보다
- 145 낡은 10평짜리 빌라로 2,500만 원을 벌다
- 147 부동산, 꼭 입지를 염두에 두자
- 150 일주일 만에 4,600만 원 순수익 낸 유류 낙찰
- 153 골드바 낙찰, 당일에 바로 시세차익을 내다

CONTENTS

Part5.
상상하면 수익이 보인다

- 159 강남 한복판의 멀쩡한 건물이 반으로 잘린 사연
- 164 법정지상권을 알면 공매 수익이 보인다
- 168 토지임차권(차지권)을 꼭 살펴보자!
- 170 5억 원 낙찰, 18억 원의 가치가 인정되다
- 174 100만 원 차이로 9,000만 원 수익을 놓치다
- 178 꾸준히 검색해야 좋은 물건을 만난다
- 183 부동산, 상상력을 발휘하자

Part6.
도로 낙찰, 이렇게 수익 낸다

- 189 1,000만 원짜리 도로 낙찰, 두 달 후 2,600만 원 보상받다
- 192 돈 되는 미보상 도로 투자법
- 195 가짜 미보상 도로 구분하는 법
- 198 법면 낙찰, 20일 만에 3,700만 원 벌다
- 202 긍정적인 생각이 부자를 만든다

Part7.
소액으로 건물주 되는 방법

- 209 여러분도 건물주가 될 수 있다
- 211 내 건물에서 장사하는 것이 제일 속 편하다
- 214 공매낙찰로 시세보다 2억 원 싸게 상가를 마련하다
- 216 선순위 임차인 인수가 오히려 기회다
- 219 감정평가의 시점 차이를 노리자
- 223 돈 없이도 부동산 소유자가 될 수 있다

Part8.
여러분의 재테크 성공을 위한 조언

229 꾸준한 입찰이 필요하다
231 시작, 그리고 지속하자
234 내 눈에 쉬우면 다른 사람 눈에도 쉽다
238 낙찰받는 목적이 무엇인지 생각하자
242 보고 싶은 것만 보고, 듣고 싶은 말만 듣는다
245 목표가 분명한 삶을 살자

Part9.
화폐 가치가 떨어지는 현대, 투자는 필수다

251 악착같이 저축해도 부자가 되지 않는다
254 월급이 올라도 삶은 더 팍팍하다
256 부동산 공부를 게을리하지 말자
258 투자할 때 고려할 네 가지 핵심 포인트
261 경험 많은 멘토가 필요하다
264 기회는 준비된 사람에게 오는 법이다

 할 수 있다는 자신감을 갖자 - 266

Part 1.

부동산 재테크, 공매는 인생의 기회다

과연 급매로 살 수 있을까?

부동산 재테크는 간단하다. 싸게 사서 비싸게 팔면 되니 말이다. 싸게 사야 한다고 하니 부동산 중개사무실에 가서 급매 나온 거 있는지를 찾으면 될까? 결론부터 말하면 진짜 급매는 여러분에게 돌아가지 않는다. 왜 그런지는 입장을 바꿔보면 쉽게 알 수 있다. 예를 들어, 시세 5억 원인 아파트가 4억 3,000만 원에 급매가 접수되었다고 해보자. 국세 등 여러 문제로 빨리 처분해야 하는 매도자의 사정으로 말이다. 자, 이때 마침 여러분이 문을 열고 "사장님, 이 아파트 급매 나온 거 있나요?"라고 물으면 사장님이 반색하며 "방금 4억 3,000만 원에 접수된 급매물이 있어요"라고 말할까? 그렇지 않을 것이다. 여러분을 언제 봤다고 쉽게 나오기 힘든 급매를 덥석 주겠는가?

먼저 이 물건은 공인중개사 본인 또는 가족이 먼저 차지할 것이다. 물론 매물 접수를 받은 물건을 공인중개사가 직접 취득하면 공인중개사법 위반이니 명의를 달리해서 말이다. 또는 가족에게 적극적으로 권해 빨리 취득하도록 할 것이다. 이렇게 싸게 나오는 기회는 흔치 않으니까. 4억 3,000만 원에 사서 보유해도 좋고, 바로 팔아도 남는 장사다. 그런데 공인중개사 본인이나 가족이 취득하기에 자금 사정상 무리가 있을 때는 어떻게 할까? 바로 공인중개사에게 이익을 많이 주는 사람에게 물건을 소개할 것이다. 이는 평소에 거래했을 때 중개수수료를 많이 주는 사람을 말한다.

그러면 여러분이 중개사무실 문을 열고 들어가 "사장님, 여기 아파트 급매 나온 거 있나요? 제가 수수료 두 배(또는 세 배) 드릴게요"라고 한다면 이 물건이 여러분에게 올까? 그렇지 않을 것이다. 처음 본 여러분을 뭘 믿고 주겠는가? 두 배 준다고 했다가 막상 거래가 끝난 후 안 주면 어떡할 것인가? 설사 두 배를 줬다 해도 "초과중개보수 수수는 공인중개사법 위반인 거 아시죠?"를 무기로 들고나온다면 어떻게 해야 할까? 꼼짝없이 돌려줘야 할 뿐 아니라, 구청 및 경찰서에 신고라도 한다면 제대로 약점 잡힐 것이다. 그러니 처음 본 여러분이 아무리 두세 배 중개보수를 운운해도 고수 공인중개사는 믿지 않는다. 그러면 어떻게 해야 여러분을 믿을까?

바로 오랫동안 거래해오면서 신용이 쌓여야 믿을 수 있다. 그러니 이번에 나온 급매는 여러분 것이 되지 않고, 기존의 신용 높은 고객에게 돌아가는 것이다. 다음에 나온 급매물도 마찬가지로 여러분 것이 되시 않고 공인중개사 본인 또는 가족과 그 외 신용 좋은 고객의 것이 된다. 그러니 급매로 사려면 오랫동안 공인중개사와 밥도 먹고, 차도 마시며 신용을 쌓아야 한다. 즉, 신용이라는 믿음이 생겨야 급매 물건도 만날 수 있으니 차근차근 노력해보길 바란다.

부동산 재테크의 시작, 공·경매

앞서 당장 급매물을 사긴 어렵다고 했다. 그렇다면 우린 어떻게 해야 시세보다 싸게 살 수 있을까? 정답은 공매와 경매다. 공매와 경매는 여러분을 부자의 길로 들어서게 해줄 초석이며, 재테크의 기본이다. 기초가 튼튼할수록 높은 건물을 지을 수 있듯, 부동산 분야도 공매와 경매를 확실히 배워둠으로써 재테크의 목표를 이룰 수 있다.

돈을 잘 버는 게 중요할까? 돈을 잘 지키는 게 중요할까? 정답은 둘 다 갖춰야 좋다. 아무리 많이 번다 한들 다 새어나가면 남는 게 없을 것이며, 있는 돈을 지키지 못하고 잃는다면 손해를 넘어서 마음까지 피폐해져 삶이 흔들리는 일까지 발생할 수 있다. 따라서 기존의 돈을 잘 지키면서 새로 돈을 잘 벌어야 진정한 재테크가 된다. 이런 의미에서 설령 공·경매에 관심이 없어도 공·경매는 반드시 알아두어야 한다.

임차인도 공·경매는 알아야 한다

주거용 부동산(아파트, 빌라, 단독주택 등)이 공·경매로 매각되는 경우를 보면, 보통 소유자와 임차인이 거주하고 있는 경우가 반반이다. 즉, 소유자(체납자 또는 채무자)가 거주하는 주택이 공·경매로 매각되는 경우가 있고, 소유자와 임대차(전세·반전세·월세 등)계약을 한 임차인이 거주하고 있는 주택이 매각되는 경우가 있다. 이때 임차인이 임차보증금을 모두 배분(배당)받을 수 있는지가 관건이다.

> *** 배분과 배당**
> - 매수인이 납부한 매수대금을 채권자에게 나누어주는 것을 공매에서는 '배분'이라고 하고, 경매에서는 '배당'이라고 한다.

선순위 임차인이면 배분(배당) 요구를 하지 않더라도 남은 잔여기간을 거주한 후, 매수인에게 임차보증금을 돌려받을 수 있다. 또한 배분(배당) 요구를 하고 매각과 함께 전액을 배분(배당)받을 수 있다(혹시 부족한 임차보증금이 있다면 매수인에게 요구할 수 있음). 하지만 후순위 임차인은 반드시 배분(배당) 요구를 해야 함에도 배분(배당) 요구가 뭔지 잘 몰라 시기를 놓치는 안타까운 경우도 발생한다. 설사

기한 안에 배분(배당) 요구를 하더라도 임차보증금 전액을 배분(배당)을 받을 수 있을지는 따져봐야 한다. 임차보증금 전액을 배분(배당)을 받으면 다행이지만, 선순위 권리자가 대부분의 배분(배당)을 받아가 남아 있는 잉여금이 부족해 임차인에게 돌아갈 배분금이나 배당금이 적다면 그대로 손해로 연결되기 때문이다.

후순위 임차인인 경우에는 대항력이 없어 배분(배당)을 받지 못한 임차보증금을 매수인에게 요구할 수도 없다. 소유자의 사정으로 공·경매로 넘어갔지만, 피해는 고스란히 임차인에게 전가된다.

이렇듯 공·경매로 진행되는 경우, 선순위 임차인인지, 후순위 임차인인지에 따라 입장이 다르지만, 정작 계약 당시 임차인 본인이 선순위인지, 후순위인지조차 모르는 경우가 태반이다. 그러므로 여러분은 체계적인 공·경매 지식을 갖춰야 임차보증금을 잃는 사태를 예방할 수 있다. 손해는 예방하고 수익은 극대화할 수 있는 값진 노하우가 공·경매에 담겨 있다.

TIP 주거용 건물 및 상가건물 임차인의 종류와 권리

구분		대항력 있는 임차인	우선변제권 있는 임차인	소액 임차인
주택임대차보호법	근거법률	제3조 (대항력 등)	제3조의2 (보증금의 회수)	제8조 (보증금 중 일정액의 보호)
	요건	주택의 인도와 주민등록 (대항요건이라 함)	대항요건과 임대차계약증서상 확정일자	주택의 인도와 주민등록
상가건물임대차보호법	근거법률	제3조 (대항력 등)	제5조 (보증금의 회수)	제14조 (보증금 중 일정액의 보호)
	요건	건물의 인도와 '부가가치세법' 제8조 '소득세법' 제168조 '법인세법' 제111조에 따른 사업자등록 (대항요건이라 함)	대항요건과 임대차계약증서상 확정일자	건물의 인도와 사업자등록
효력		매수인에게 대항력 있음	후순위 권리자나 그 밖의 채권자보다 우선해 보증금을 변제받을 권리	보증금 중 일정액을 다른 담보물권자보다 우선해 변제받을 권리
기타		• 배분 절차에서 배분받는 권리자가 아님 • 근저당권 등 타인의 권리 설정 이후 요건을 갖춘 권리라면 소멸될 권리로서 보호받을 수 없음	• 배분 시 매각대금에서 확정일자(또는 전입일자 익일)의 순위에 따라 우선변제를 받음	• 경매개시결정이나 공매 공고일 이전에 대항요건을 갖추어야 함 • 보증금 중 일정액만 우선변제 받음

경매로 팔리는 이유

매도자(소유자)는 한 푼이라도 더 비싸게 팔고 싶고, 매수자는 한 푼이라도 더 싸게 사고 싶은 게 인지상정이다. 우리가 공·경매를 통해 부동산을 취득하는 이유는 매매보다 한 푼이라도 더 싸게 사고 싶기 때문이다. 반면 매도자 입장에서는 공·경매로 파는 게 그리 달갑지 않은 일이다. 매매보다 더 싸게 팔리니 말이다. 그럼 해당 부동산이 어떻게 공·경매가 신청이 되며, 소유자 입장에서는 어떻게 원치 않는 절차가 진행되는지 알아보자.

경매의 시작은 채무 관계

경매의 기초에는 돈을 빌려준 채권자와 돈을 빌린 채무자가 있다. 약속한 대로 이자(또는 원리금)를 잘 갚는다면, 아무 문제가 없다. 하지만 사람 일을 누가 장담하겠는가? 잘 다니던 직장에서 갑자기

실직할 수도 있고, 잘되던 사업이 갑자기 안 될 수도 있다. 특히 요즘의 코로나19처럼 예상치 못한 복병이 발생하면 더욱 그럴 수 있다. 돈을 빌릴 당시에는 앞으로도 고정 수입이 들어올 것으로 예상하고 빌렸는데, 갚지 못하고 이자가 연체되는 일이 발생한다.

연체되면 돈을 빌려준 채권자는 연체된 상황을 알리고 빨리 갚으라고 독촉한다. 하지만 채무자가 갚지 못하고 연체가 지속되면 채권자는 돈을 회수하기 위해 해당 부동산 소재지의 관할 법원에 경매를 신청한다(보통 은행은 3개월 정도 연체가 지속되면 경매 신청함). 이는 '법원에서 채무자의 부동산을 팔아주면, 채권자는 팔린 돈에서 받아가겠다'라는 표현이다(채권자가 직접 팔아서 돈을 받아가는 것은 안 됨). 경매 접수를 받은 법원은 외부에 이 부동산이 경매 절차에 착수되었음을 알리기 위해 관할 등기소에 연락해(이를 '촉탁'이라고 함) 해당 등기사항전부증명서에 '경매개시결정'등기를 올린다. 따라서 경매가 접수된 부동산의 등기사항전부증명서에는 경매개시결정등기가 기록되어 있다.

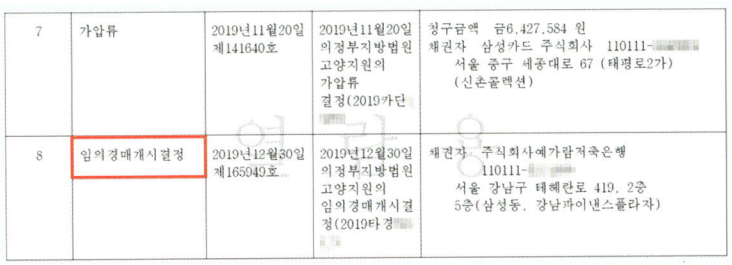

'임의경매개시결정'이 기록된 등기사항전부증명서(예시)

순위번호	등기목적	접수	등기원인	권리자 및 기타사항
			고양지원의 가압류 결정(2019카단 ▨)	광명시 디지털로 56, ▨▨▨(철산동, ▨▨▨▨▨)
3	강제경매개시결정(2번가압류의 본압류로의 이행)	2020년4월6일 제53692호	2020년4월6일 의정부지방법원 고양지원의 강제경매개시결 정(2020타경▨▨)	채권자 조혜▨ 820106-******* 경기도 광명시 디지털로 56, ▨▨▨(철산동, ▨▨▨▨▨)

'강제경매개시결정'이 기록된 등기사항전부증명서(예시)

임의경매 vs 강제경매

경매에는 임의경매와 강제경매가 있는데, 바로 경매를 신청할 수 있는지, 아니면 법원의 판결을 받아야 신청할 수 있는지에 따라 나뉜다. 채무자가 약속한 기간 안에 돈을 갚지 않으면 담보물권(돈을 빌려주고 담보로 잡은 물건에 대한 권리)을 갖춘 채권자는 누구의 간섭이나 허락 없이 바로 경매를 신청할 수 있는데, 이렇게 진행되는 경매가 임의경매다. 담보물권은 대부분 등기사항전부증명서에 설정된 후 돈이 지급되는 형태를 띠는데, 이렇게 경매를 신청할 수 있는 담보물권으로는 저당권, 근저당권, 전세권 등이 있다(예외적으로 유치권은 법정담보물권이지만 등기사항전부증명서에 표시되지 않고, 질권은 동산을 담보로 하기 때문에 부동산 등기사항전부증명서에 표시되지 않는다).

강제경매는 채권자가 채무자를 상대로 승소판결을 받아 이 집행권원으로 채무자의 부동산을 압류해 경매를 신청하고 진행되는 경매다. 채권자가 물건에 대한 담보 설정이 있어서 바로 경매를 신청할 수 있는 임의경매에 비해 법원의 소송을 거쳐 그 승소판결이 있어야 경매를 신청할 수 있는 점이 다르다. 다만 공증받은 경우, 소송 없이 바로 강제경매를 신청할 수 있다. 공증이란 특정한 사실이나 내용을 공적으로 증명하는 행위로, 다양한 금전 거래 시에 안전한 진행을 위해 계약증서로 작성하는 서류다. 민사집행법 제56조는 강제집행 승낙 조항이 있는 공정증서를 강제집행이 가능한 집행권원의 하나로 규정하고 있어 공증하면 번거로운 재판 절차를 거치지 않고도 손쉽게 강제집행이 가능하다(공증하려면 양측이 합의한 내용을 적은 서류 또는 차용증 원본, 도장과 신분증을 지참해 양측의 당사자가 공증사무소를 방문하면 된다).

결과적으로 임의경매와 강제경매는 채권자가 경매를 신청하는 방식이 다를 뿐, 경매 진행 과정은 구분 없이 똑같다. 참고로, 경매 진행 물건은 법원경매정보(www.courtauction.go.kr)에서 무료로 검색할 수 있으며, 지지옥션, 굿옥션, 스피드옥션 등 다양한 유료 경매 사이트에서 물건을 검색할 수 있다.

다양한 경매 사이트

TIP 물권과 채권
(공·경매의 배분(배당)과 관련한 물권과 채권, 물권과 물권, 채권과 채권 사이의 우선순위)

[민법상 물권과 채권의 비교]

구분	물권	채권
종류	소유권, 점유권, 지상권, 지역권, 전세권, 유치권, 질권, 저당권	임차권, 소유권이전등기청구권 등
법률 규정	물권법정주의와 강행규정	사적 자치와 임의규정
권리 내용	특정 물건을 직접적·배타적으로 지배해 이익을 얻을 수 있는 권리 (지배권)	채권자가 채무자에게 청구할 수 있는 권리(청구권)
권리 대상	특정 물건에 대한 지배권(대물권)	특정인에 대한 청구권(대인권)
권리 범위	모든 사람에게 권리를 주장 (절대권)	특정인에게만 권리를 주장 (상대권)
권리 배타성	독점적 권리 (배타성)	독점적 권리 주장 불가 (비배타성)

1. 물권과 채권 간의 우선적 효력

① **물권우선주의 원칙**
동일한 물건 위에 물권과 채권이 충돌하는 경우, 물권이 성립하는 시기에 관계없이 채권에 우선하는 원칙을 말한다. 물권은 등기사항전부증명서에 등기하게 되면 모든 사람에게 그 권리를 주장할 수 있는 절대권이지만, 채권은 특정인에 대한 청구권에 불과해 물권과 채권이 다투게 되면 물권이 우선하게 된다.

② **매매는 임대차를 깨뜨린다**
[사례] 매매로 인해 부동산의 소유자가 변경되었을 경우

주택임대차보호법이나 상가건물임대차보호법의 적용을 받지 못하는 건물 임차인이 따로 임차권등기를 하지 않은 경우, 전 소유자(매도인)와 임대차계약(채권)을 체결한 임차인은 새로운 소유자(매수인)에 대해 임차보증금의 반환을 청구하지 못하게 되는데, 이는 물권우선주의에 의해 임대차계약(채권)은 매매계약(물권변동)에 대항할 수 없어서 임차인은 매수인에게 임차보증금 반환을 청구할 수 없고, 오로지 임대차계약의 상대방이었던 임대인(매도인)에게만 임차보증금 반환을 청구할 수 있다. 왜냐하면 채권(임차보증금 반환청구권)은 임대인(매도인)에 대한 청구권으로서 임차인의 상대방은 매수인(현 소유자)이 아니라 매도인(전 소유자)이 되기 때문이다.

③ 주택과 상가는 물권우선주의에 대한 예외가 적용된다

주택임대차보호법과 상가건물임대차보호법이 적용되는 주택과 상가건물의 경우, 주택의 인도와 주민등록을 마친 때 또는 상가건물을 인도와 사업자등록을 신청한 때는 그 익일부터 대항력이 발생한다. 주택 또는 상가건물의 임차인이 주택의 인도와 주민등록 또는 상가건물의 인도와 사업자등록을 마쳐 대항력을 갖춘 경우에는 주택 또는 상가건물이 매매되어 소유자가 변경되어도 임차인은 새로운 소유자, 즉 매수인에게 대항할 수 있으므로 임대차 존속기간의 보장과 임차보증금 반환을 새로운 소유자인 매수인에게 청구할 수 있다.

2. 물권과 물권 간의 효력 : 등기우선주의

물권 상호 간의 순위는 먼저 성립된 물권이 선순위가 되므로 등기부에 먼저 설정된 권리가 선순위의 권리가 된다. 물권뿐만 아니라 물권화된 권리(등기된 부동산 임차권)의 선후도 그 권리의 등기일을 기준으로 해서 판단한다. 부동산 등기부에 같은 날짜에 등기되었을 경우, 권리의 순위는 동일 구(을구와 을구)의 경우 순위번호에 의하고, 다른 구(갑구와 을구)의 경우 접수번호에 의한다.

3. 채권과 채권 간의 효력 : 채권자 평등주의

채권은 절대권인 물권과 달리 상대방에 대한 청구권이기 때문에 시간의 선·후를 떠나서 동등한 지위를 가지게 되어 우선변제권이 없고 채권자들의 지위는 평등하다. 만약 채무자의 재산이 1억 원이고 채권자 네 명의 채권액이 각각 5,000만 원이면, 변제기일이나 청구의 선후와 관계없이 각 채권자의 채권액에 비례해 각 2,500만 원씩 배당받는다.

등기부에 표시되는 채권의 종류로는 압류, 가압류, 강제경매 신청 등이 있는데, 이들은 모두 평등한 지위를 가지게 되지만, 국세나 지방세, 임금채권 및 조세채권 다음 순위로 징수하는 공과금의 경우에는 우선변제권이 인정되어 채권자 평등주의의 예외로 된다.

공매로 팔리는 이유

부동산을 저렴하게 취득하는 방법으로 경매와 쌍벽을 이루는 공매가 있다. 공매란 한국자산관리공사(캠코)나 국가기관, 금융기관 등 공적인 기관에서 재산을 공개적으로 매각하는 절차를 말한다. 공매는 대부분 캠코의 전자자산처분시스템인 온비드를 통해 매각하고 있지만, 캠코의 온비드를 통하지 않고 재산을 보유하고 있는 부동산신탁회사, 금융기관, 관세청 등에서 직접 매각하는 자체 공매도 있다.

법률적으로는 국세징수법에서 '공매'라는 용어를 사용하고 있는데 이는 국세 등을 납부하지 않은 사람(체납자)의 압류재산을 국세징수법에 따라 강제로 매각하는 것을 말한다. 압류재산 공매는 압류기관이 직접 실시하는 것이 원칙이지만, 체납자의 권익 보호와 행정 효율을 도모하기 위해 전문지식이 필요하거나 기타 사정이 있는 경우, 재산 매각 전문기관인 캠코로 하여금 공매를 대행하게 할 수 있도록 국세징수법에 규정되어 있다. 실제로 부동산의 경우에는 압류기관이 직접 공매하는 경우는 없고, 전부 캠코에서 공매를 대행하고 있다. 따라서 일반적으로 경매는 법원에서 실시하고 공매는 캠코에서 실시하는 제도로 알려져 있다.

> *** 한국자산관리공사와 온비드**
> - **한국자산관리공사** : 정부가 출자한 준정부기관으로 1962년 4월 6일, '성업공사'라는 이름으로 설립되었는데, 1999년 12월 31일에 명칭을 한국자산관리공사(Korea Asset Management Corporation)로 변경했고, 약칭으로 캠코(KAMCO)라 부른다.
> 수행업무는 금융회사 부실채권 인수·정리 및 기업구조조정 업무, 금융취약계층의 재기 지원, 국유재산관리 및 체납조세 정리 등이며, 1984년부터 압류재산 공매 업무를 시작했고, 2014년 12월에 본사를 서울에서 부산으로 이전했다.
> - **온비드**(Onbid)는 On-Line Bidding의 약어로 온라인 입찰 또는 온라인으로 가능해진 '모든 입찰거래'를 의미하는 국내 최초의 온라인 공매 입찰 전문 사이트다. 캠코가 개발해 운영하고 있다.

온비드 홈페이지에서 공매 매각 물건을 검색할 수 있다

경매는 매각기일에 본인 또는 대리인이 관할 법원에 가야 입찰할 수 있지만, 공매는 온비드 사이트를 통해서 입찰한다. 예를 들어, 서울에 사는 사람이 부산의 경매 물건에 입찰하려면 매각 당일 입찰시간 내에 해당 부산지방법원에 가서 입찰표를 제출해야 하지만, 공매 물건이라면 모바일이나 PC를 통해 온비드에서 입찰하면 된다. 해당 장소까지 입찰하러 가는 번거로움이 없는 점이 공매의 큰 장점이다.

TIP 공매의 종류

온비드를 통한 공매

1. 캠코 공매
- 압류재산 : 조세채권이나 공과금을 체납한 체납자의 재산을 국가나 지방자치단체 등이 압류한 재산
  * 전체 공매 물건 중에서 물량이 제일 많고, 권리분석이 필요해 투자 수익 가능성이 높음
- 국유재산 : 국유재산 중 일반재산(부동산이 대부분이나 유가증권(물납 주식)도 있음)
  * 국유부동산은 매각보다 임대(대부라고 함) 공매가 많음
- 수탁재산 : 금융기관 및 기업체 등이 소유한 비업무용 자산과 양도소득세 절감을 위해 개인이 캠코에 매각을 위임한 재산
- 유입자산 : 캠코가 법원경매를 통해 취득하거나 부실징후기업체로부터 취득한 자산
  * 최근에는 경매 시장의 활황으로 보유 유입자산이 없음

2. 이용기관 공매
- 국가기관, 지자체, 교육기관, 공기업, 금융기관 등이 캠코의 온비드를 이용해 보유한 재산을 매각하거나 임대하는 재산으로 국유재산, 공유재산, 불용물품, 기타재산이 있음

기관 자체 공매(온비드를 이용하지 않는 공매)

1. 세관 공매
- 체화 공매 : 수입자 또는 여행자가 외국에서 반입한 물품을 수입통관 또는 반송을 하지 않아 관세청이 직접 강제 매각하는 공매
  ※ 관세청 유니패스(https://unipass.customs.go.kr/csp/index.do)에서 진행
- 상이군경회 유통사업단공매 : 관세청 몰수물품 및 국가귀속물품을 위탁받아 매각하는 공매(판매수익금은 상이군경회를 위해 사용됨)
  ※ 자체 사이트(http://www.utongshop.or.kr/main.asp)에서 진행

2. 신탁 공매
: 신탁회사가 처분신탁 및 담보신탁으로 수탁한 물건을 직접 매각하는 공매

3. 자동차 공매
: 지자체 및 경찰서가 압류해 민간업체인 '오토마트', '굿인포카'에 매각을 의뢰해 진행하는 공매

4. 예보 공매
: 예금보험공사가 지원한 파산금융기관의 재산을 직접 매각하는 공매

캠코에 공매를 의뢰하면 양도소득세가 절감된다
(양도소득세 절감을 위해 매각 위임이 가능한 재산)

1. 일시적 1세대 1주택과 1조합원 입주권 특례로 비과세가 적용되는 조합원 입주권 : 1조합원 입주권을 소유한 1세대가 양도일 현재 1조합원 입주권 외에 1주택을 소유한 경우로서 해당 1주택을 취득한 날부터 3년 이내에 해당 조합원 입주권(입주권 전환 시 비과세요건을 갖춘 주택에 한함)을 양도하는 경우〈소득세법시행령 제155조⑱항〉

2. 조합원 입주권을 소유한 1세대 1주택의 특례로 비과세 적용되는 주택 : 1주택을 소유한 1세대가 그 주택을 양도하기 전에 조합원 입주권을 취득함으로써 일시적으로 1주택과 1조합원 입주권을 소유하게 된 경우, 주택을 취득한 날로부터 1년이 경과한 이후에 조합원 입주권을 취득하고, 조합원 입주권을 취득한 날부터 3년 이내에 종전주택을 양도하는 경우〈소득세법시행령 제156조의2③항 및 소득세법시행규칙 제75조①항〉

3. 비사업용 토지의 특례로 중과제외 적용되는 토지 : 토지취득 후 일정 기간이 경과해 비사업용 토지에 해당하는 경우, 사업용 토지로 인정받기 위해 일정 기간 내에 양도하는 경우〈소득세법시행규칙 제83조의5 ②항 및 법인세법시행규칙 제46조의2②항〉

▶ 위 1, 2의 경우 3년 이내에 양도하면 양도소득세 비과세 적용을 받을 수 있고 3년이 경과하면 비과세 적용을 받지 못하지만, 3년이 경과하기 전에 캠코에 매각 위임을 하면 3년이 경과해 매각해도 비과세 적용을 받을 수 있다. 위 3의 경우 일정 기간 내에 양도하지 못한 경우에도 그 기간 내에 캠코에 매각 위임하면 양도한 것과 동일하게 인정을 받아 양도소득세 중과에서 제외 적용이 가능하도록 세법에 명시되어 있다.

진행 절차가 빠른 공매

경매와 공매는 공개적으로 매각하는 방식이라는 점에서 유사하지만, 공매는 경매와 다른 다음과 같은 특징이 있다.

1. 진행 속도가 빠르다

경매는 경매 신청부터 매각까지 최소 6개월 이상 소요되는 데 비해 공매는 그 진행 절차가 빠르다. 한 예로 압류재산 공매는 국세, 지방세, 공과금 등(이하 '국세 등'이라 한다)이 체납되면 세무서 등(세무서, 지방자치단체, 건강보험공단 등)이 체납자의 재산을 조회해 압류한다. 그 후 캠코에 공매를 의뢰하면 캠코는 온비드 홈페이지를 통해 매각을 진행한다. 공매 신청부터 첫 매각기일까지 3~4개월 내의 시간이 소요되며, 이후 유찰되면 일주일마다 최초 공매예정가격의 10%에 해당하는 금액을 차례로 줄여 공매를 진행한다. 경매는 유찰되면 통상 1개월 후 전회차 최저매각예정가격의 20~30%를 저감해 진행하지만, 공매는 유찰되면 일주일마다 최초 공매예정가격의 10%를 줄여 매주 재공매를 진행하므로 경매보다 매각 속도가 빠르다.

동일 부동산에 대한 경매와 공매의 매각기일 비교

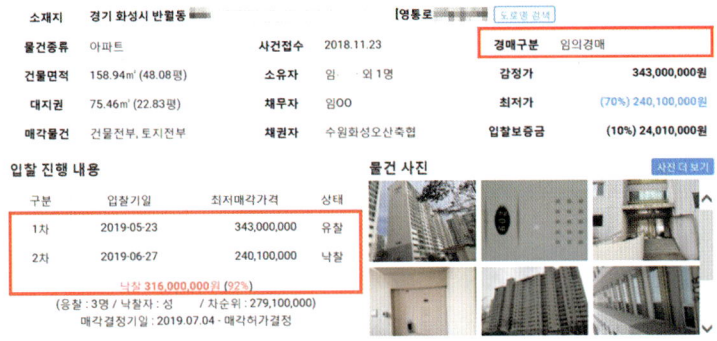

경매 진행 내역

공매 진행 내역

2. 50%에도 낙찰되지 않으면 50% 가격을 새로운 공매 예정가격으로 진행할 수 있다

국세징수법에 따른 공매는 최초의 공매예정가격의 10%씩 금액을 차례로 줄여 공매가 진행된다. 다만, 최초의 공매예정가격의 50% 금액까지 차례로 줄여 공매해도 매각되지 않을 때는 세무서 등과 협의해 최초 공매예정가격의 50% 금액을 새로운 공매예정가격으로 정해 압류에 관계되는 체납액에 충당될 여지가 있을 때까지 공매예정가격을 차례로 줄여 재공매할 수 있다. 저감되는 한계는 없기에 매각실익이 있는 한 낙찰이 될 때까지 진행하지만, 무잉여(세무서 등 신청채권자에게 배당할 금액이 없는 경우)나 기타 사유로 매각 전에 공매 사건이 취소·중지될 가능성은 있다.

> **국세징수법 제87조(재공매)**
> ① 관할 세무서장은 다음 각 호의 어느 하나에 해당하는 경우, 재공매를 한다.
>   1. 재산을 공매해도 매수신청인이 없거나 매수신청가격이 공매예정가격 미만인 경우
>   2. 제86조 제2호에 해당하는 사유로 매각결정을 취소한 경우
>
> ② 관할 세무서장은 재공매를 할 때마다 최초의 공매예정가격의 100분의 10에 해당하는 금액을 차례로 줄여 공매하며, 최초의 공매예정가격의 100분의 50에 해당하는 금액까지 차례

> 로 줄여 공매해도 매각되지 않을 때는 제68조에 따라 새로 공매예정가격을 정해 재공매를 할 수 있다. 다만, 제82조 제5항에 따라 즉시 재입찰을 실시한 경우에는 최초의 공매예정가격을 줄이지 아니한다.

3. 낙찰가격, 즉 매수대금 3,000만 원 미만은 대금 납부 기한이 빠르다

공매 매수대금이 3,000만 원 미만인 경우, 대금 납부기한이 빠르다는 점은 꼭 기억하자. 경매는 낙찰 7일 후에 매각허가결정기일, 또다시 7일 후에 매각허가확정기일을 거쳐 보통 1월 안의 날로 대금지급기한이 지정된다. 이때 매각대금과 관계없이 대금지급기한은 비슷하다. 하지만 압류재산 공매의 경우, 매수대금이 3,000만 원 미만이면 7일 내(매수대금 납부의 촉구 기한은 최고일부터 10일이 더 주어짐)로 매수대금을 납부해야 하며, 매수대금이 3,000만 원 이상이면 30일 내(매수대금 납부의 촉구 기한은 최고일부터 10일이 더 주어짐)로 매수대금을 납부해야 한다. 따라서 매수대금이 3,000만 원 미만인 경우, 공매보증금을 차감한 나머지 매수대금을 대금 납부기한까지 납부하는 데 차질이 없도록 준비를 잘해야 한다.

TIP 대금 납부기한을 넘겼을 경우

경매는 대금지급기한까지 대금을 납부하지 못하는 경우, 매수신청의 보증금(이하 '입찰보증금'이라 함)이 몰수되며 해당 경매 물건은 다시 매각이 진행된다(재매각). 이때 통상 한 달 후에 재매각기일이 정해지는데, 기존 최고가 매수신고인은 재매각기일 3일 전(실무에서는 하루 전까지도 가능한 경우가 많음)까지 연 12%의 지연이자를 더한 대금을 완납하고 소유권을 취득할 수 있다. 즉, 물건 자체는 이상이 없는데 예상보다 대출이 안 나오는 등의 문제로 대금지급기한을 넘겼더라도 다시 취득할 수 있는 길이 열려 있다.

하지만 공매는 다르다. 매수대금 납부기한을 넘겨도 곧바로 재공매되지 않고, 매수대금 납부 촉구 기한(보통 10일)을 준다. 만약 매수대금 납부의 촉구 기한을 넘기면 매각결정이 취소되고, 공매보증금은 몰수된다. 몰수된 공매보증금은 강제징수비, 체납액에 충당되고 남으면 체납자에게 지급된다. 그리고 매수대금 납부 촉구 기한을 넘겨 다시 재공매가 진행되더라도 경매처럼 입찰기일 전까지 납부지연이자 및 매각대금을 내고 소유권을 취득할 수 있는 길이 없으니 유의해야 한다.

공매는
온라인 입찰을 한다

공매는 온비드 사이트(www.onbid.co.kr)를 통해서 입찰하므로 스마트폰이나 컴퓨터가 있는 곳이라면 어디서든 입찰할 수 있다. 해당 법원까지 입찰하러 가야 하는 경매에 비해 입찰절차가 간편하니 큰 장점이다. 압류재산 공매인 경우, 보통 입찰기간이 월요일 오전 10시부터 수요일 오후 5시까지다. 이 기간 내에는 밤낮 관계없이 언제든지 입찰이 가능하다. 입찰은 온라인상에서 입찰금액을 적어 제출하며, 공매보증금(공매예정가격의 10% 이상)은 해당 온비드에서 알려주는 가상계좌로 송금하는 방식이다.

> **〈참고〉** 국세징수법상 공매보증금이란 용어는 없으며, 공매보증이라 하는데, 이는 공매보증이 금전 외에 국공채, 증권 시장에 상장된 증권, 보험법에 따른 보험회사가 발행한 보험증권으로

> 도 제공이 가능하기 때문에 공매보증이라 한다. 여기서는 금전을 전제로 '공매보증금'이라 언급한다.

공매 입찰서 작성 예시

압류재산 공매인 경우, 수요일 오후 5시에 입찰을 마감하면 다음 날 목요일 오전 11시에 개찰이 시작되는데, 입찰 결과는 해당 온비드 사이트에서 확인할 수 있다. 최고가 매수신청인(= 구 법률 '낙찰자'라 함)이 되면 공매보증금은 반환되지 않으며, 최고가 매수신청인을 제외한 다른 매수신청인이 납부한 공매보증금은 지정된 반환계

좌로 반환된다. 최고가 매수신청인이 되면 개찰일의 다음 주 월요일 오전 10시 매각결정기일에 최고가 매수신청인을 매수인으로 정해 매각결정을 한다(온비드 홈페이지에서 확인함).

실제 최고가 매수신청인이 되더라도 매각결정기일 전(개찰일의 다음 주 월요일 오전 10시)까지는 체납자의 체납액 납부, 공유자·배우자의 우선매수, 공매취소·정지사유 등으로 해당 공매재산의 최고가 매수신청인으로 결정되지 않는 경우도 있다. 다만, 최고가 매수신청인을 매수인으로 정해 매각결정기일에 매각결정을 한 이후 매수인이 매수대금을 납부하기 전에는 체납자가 체납액을 납부한 경우라도 이때는 매각결정이 취소되지 않고, 매수인의 동의를 얻어야 매각결정을 취소할 수 있다. 이 경우, 매수인도 쉽게 동의해주진 않을 것이므로 매각결정취소를 받기 어려운 경우가 많지만, 경우에 따라 매수인에게 소정의 금원을 주고 협의하에 동의서에 도장을 받는 경우도 있다.

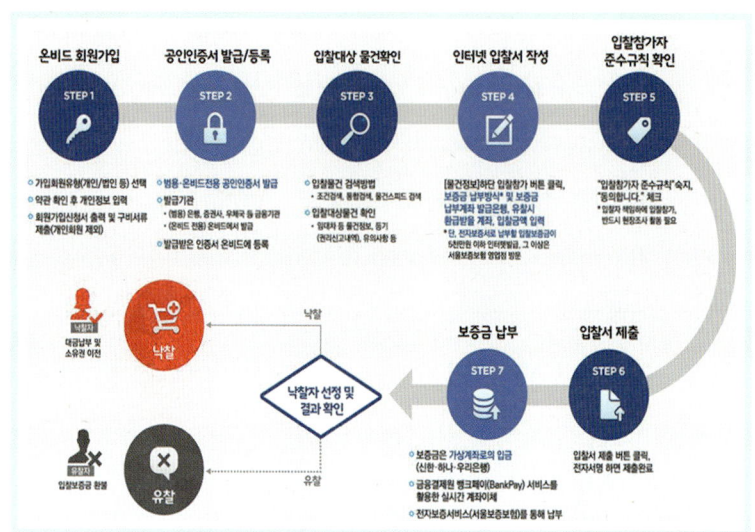

압류재산 공매입찰 절차도　　(출처 : 온비드 홈페이지)

Part2.
300만 원만 있어도 공매 투자한다

돈이 적어도
얼마든지 물건은 많다

공매 투자를 시작할 때 막연해하시는 분들이 많다. 과연 어느 정도의 자금이 있어야 공매를 잘할 수 있는지 말이다. 공매는 자금이 많다고 잘하는 것이 아니라, 한정된 자금을 얼마나 잘 활용해 투자 횟수와 보유 개수를 늘리느냐가 핵심이다. 3,000만 원의 여유자금으로 일반 부동산 시장에서는 고작해야 아파트 한 채 사기도 힘들다. 하지만 공매 소액 투자는 300만 원으로도 시작할 수 있고, 경우에 따라서는 이보다 더 적은 금액으로도 가능하다. 아파트 한 채 사기도 어려운 3,000만 원이 있으면 그 자금을 활용해 열 개 이상의 부동산을 취득할 수 있고, 원금 이상의 수익을 올릴 수 있다. 그러므로 여유자금이 100만 원, 1,000만 원 있다고 낙담할 필요가 없다.

공매를 하다 보면 조금씩 발생한 수익이 점점 커져가는 것을 발견할 수 있다. 마치 손으로 뭉친 작은 눈 뭉치를 굴리다 보니 눈사람을 만들 수 있는 것과 같은 이치다. 소액 토지 투자 방법은 무궁무진하므로 여유자금이 없다고 낙심하지 말고 한정된 자금으로 어떻게 하면 투자 횟수를 늘릴 수 있을지 늘 고민하기 바란다. 최소 투자금으로 최대의 수익을 올리는 게 최고니까 말이다. 또한, 우리에게는 충분한 시간이 있다. 바쁘다, 시간이 없다고 하소연하시는 분들이 많은데 진정으로 시간이 없는지 가슴에 손을 얹고 생각해보길 바란다. 시간이 없는 것보다 시간이 없다는 핑계를 대고 있지는 않은지 말이다.

"당신에게 앞으로 매일 1,440만 원(하루 1,440분×1만 원)씩 드리겠습니다. 단, 멍하게 1분을 보낼 때마다 1만 원씩 사라집니다. 다른 조건은 없습니다."

어느 날 당신에게 이런 제안이 온다면 넋 놓고 몇만 원을 그냥 버릴 수 있겠는가?

우리는 모두 공평하게 매일 1,440분이란 시간을 갖고 산다. 그 시간을 활용하는 건 자신의 몫이다. 시간 관리를 잘 하는 사람들은 자투리 시간을 잘 관리한다. 5분을 관리할 줄 알게 된다면, 더는 시간이 모자란다며 허우적대지 않고 하루 24시간을 구체적으로 관리할 수 있게 될 것이다. 그러니 이제부턴 시간 없다, 돈 없다는 핑계는 그만 대고 지금 바로 공매 투자에 도전해보자.

소액 투자, 190만 원에 사서 580만 원에 팔다

사람들은 부동산 투자에 목돈이 필요하다고 생각한다. 더군다나 토지 투자는 더더욱 목돈이 필요하며 투자 기간도 장기간 소요된다고 여긴다. 하지만 그렇지 않다. 소액으로 공매 투자할 수 있는 물건은 많고 투자 기간이 짧은 경우도 많다.

공매 진행 내역

공매 진행된 토지의 모습

입찰시작 일시~입찰마감 일시	개찰일시 / 매각결정일시	최저입찰가
17.12.11 10:00 ~ 17.12.13 17:00	17.12.14 11:00 / 17.12.18 10:00	2,074,000
17.12.18 10:00 ~ 17.12.20 17:00	17.12.21 11:00 / 17.12.26 10:00	1,844,000

낙찰 : **1,900,831**원 (103.08%)

낙찰 결과 내역

    경기도 이천에 위치한 임야 64㎡(약 19평)가 소유자의 국세 등 체납으로 공매에 나왔다. 이렇게 작은 면적이 공매에 나온 이유는 해당 토지가 지분 소유 관계였기 때문이다. 참고로 공매 매각물건에 '지분'이라고 표기되는 게 아닌, 매각 면적만 표기되므로 해당 면적이 지분인지, 전체 면적인지 헷갈릴 수 있다. 따라서 등기사항전부증명서, 감정평가서 등을 살펴 전체 면적을 확인하는 습관을 들이면 좋다. 해당 임야는 총 192㎡(약 58평)의 토지 중 1/3 지분이 공매에 나온 경우로, 190만 원에 단독 최고가 매수신청인이 되었다. 이후 최고가 매수신청인은 남은 두 명의 지분권자에게 협상을 진행했지만, 원활한 협상이 진행되지 않자 공유물분할청구소송 및 판결을 받게 되었다. 이후 해당 전체 면적은 공유물분할을 위한 경매에 등장해 신건에 1,740만 원에 최고가 매수신고인이 결정되었다.

공유물분할을 위한 경매 매각 결과

매각대금은 세 명의 지분권자에게 똑같이 배당될 테니 1/3지분권자에게는 580만 원의 금액이 돌아온다. 이는 190만 원을 투자해 2년 6개월 후에 580만 원의 수익으로 돌아와 수익률이 305%에 달한다. 따라서 가진 돈이 적다고 투자할 수 없다는 생각은 떨치고, 어떤 물건이 소액 투자하기 좋은지 열심히 공매 물건을 검색하는 습관을 들이도록 하자.

3,800만 원에 사서
5,800만 원에 판 지분 투자

공매 진행 내역

공매 진행된 해당 단독주택

입찰시작 일시~입찰마감 일시	개찰일시 / 매각결정일시	최저입찰가
17.12.04 10:00 ~ 17.12.06 17:00	17.12.07 11:00 / 17.12.11 10:00	74,731,000
17.12.11 10:00 ~ 17.12.13 17:00	17.12.14 11:00 / 17.12.18 10:00	67,258,000
17.12.18 10:00 ~ 17.12.20 17:00	17.12.21 11:00 / 17.12.26 10:00	59,785,000
17.12.25 10:00 ~ 17.12.27 17:00	17.12.28 11:00 / 18.01.02 10:00	52,312,000
18.01.01 10:00 ~ 18.01.03 17:00	18.01.04 11:00 / 18.01.08 10:00	44,839,000
18.01.08 10:00 ~ 18.01.10 17:00	18.01.11 11:00 / 18.01.15 10:00	37,366,000

낙찰 : **38,312,000**원 (102.53%)

공매 결과 내역

서울 관악구에 위치한 단독주택이 공매재산으로 나왔다. 토지 면적 15㎡(약 4.5평), 건물 면적 12㎡(약 3.6평)의 작은 면적이 매각된 이유는 해당 단독주택의 1/2 지분이었기 때문이다. 감정가 7,400만 원의 해당 지분은 유찰을 거듭하다 50% 정도 유찰된 가격인 약 3,800만 원에 매각되었다.

해당 매수인은 매수대금을 납부한 후 협상을 위해 상대 지분권자를 찾아갔지만, 원활한 협의가 되지 않자 곧바로 공유물분할청구 소송을 제기한다. 그 후 법원은 공유물분할을 위한 형식적 경매를 명하게 되었고, 해당 단독주택의 전체 면적이 경매에 등장했다.

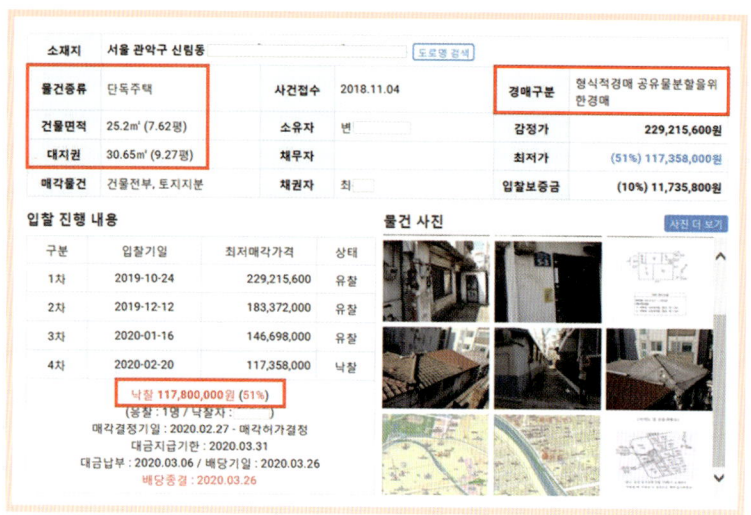

공유물분할을 위한 경매 매각 결과

경매 매각 결과, 해당 단독주택은 1억 1,780만 원에 낙찰되었다. 이로써 공매 매수인인 1/2 지분권자는 5,890만 원을 배당받게 되었다. 약 3,800만 원 투자로 2년 2개월 만에 2,090만 원의 수익을 달성했으니 수익률은 155%다. 이처럼 지분 투자는 소액으로도 얼마든지 접근할 수 있으니 아파트 투자만 추종할 게 아니라 다양한 각도에서 부동산 물건을 바라봤으면 한다.

성공하는
지분 매수 전략

하나의 물건이 수인의 소유로 이뤄진 것을 '공유'라 하고, 공유자들 각각의 소유권을 '지분'이라 한다. 예를 들어 주택을 부부가 1/2씩 공동소유하고 있다면, 남편과 아내가 각각 1/2 지분권자가 된다. 부동산을 공유로 소유하는 원인으로는, 절세를 목적으로 부부(또는 친인척)가 공동으로 소유하는 경우, 상속으로 인해 법정상속지분 대로 상속자가 공동으로 소유하는 경우, 동업 및 공동 투자로 인해 공동으로 소유하는 경우, 심지어 기획 부동산 회사 같은 곳을 통해 묻지 마 투자 형태로 임야 1필지를 다수의 사람이 공유하고 있는 경우도 있다.

공유 관계인 부동산이 어느 지분권자의 채무에 따라 일부 지분만 공매 또는 경매에 등장한다. 이때, 지분을 낙찰받으면 상대 공유자를 찾아가 협상을 하게 된다. 이때 원활히 협의가 이뤄질 수도, 그렇지 않을 수도 있는데, 경우에 따른 대응방법을 미리 알아두면 도움이 된다.

1. 협의가 이뤄질 때

① **다른 공유자에게 지분매각** : 경매로 지분을 저렴하게 인수한 다음 다른 지분권자에게 매각하는 방법으로 단기간에 수익을 창출할 수 있다는 측면에서 아주 좋은 방법이다.

② **다른 공유자지분 매수** : 공유자가 자금 여력이 없을 때 매수인이 나머지 지분을 인수해 온전한 소유를 만든 후 매각하거나 임대한다.

③ **공유자와 합의하에 공유물 전체를 제삼자에 매각** : 공유자와 합의한 후 제삼자에게 처분해 매각대금을 지분 비율로 나누는 방법이다.

④ **사용료 청구** : 지분권자가 거주하는 경우 지분에 상응하는 만큼 건물분에 대한 사용료를 청구할 수 있다.

2. 협의가 되지 않을 때

① **부당이득반환청구의 소** : 지분을 점유하는 공유자를 상대로 사용료를 청구한 후, 이를 지급하지 않으면 부당이득반환청구소송을 한 후, 판결문으로 다른 지분 소유자를 상대로 강제경매를 신청

한다. 물건이 좋으면 매수인은 공유자우선매수권을 행사해 나머지 지분을 취득할 수도 있다.

② **공유물분할청구의 소** : 공유물분할은 협의가 우선이고, 협의가 불성립할 경우 재판을 통해 분할 청구를 할 수 있다. 이때 판사는 가급적 조정을 유도하는데, 실제 조정을 통해 해결되는 경우가 많다. 그런데도 조정에 실패해 재판에 의해 공유물을 분할하는 경우에는 현물로 분할하는 것이 원칙이지만, 현물로 분할할 수 없거나 분할로 인해 현저히 그 가액이 감소할 염려가 있을 때는 법원은 경매를 명할 수 있다(민법 제269조, 대법원 2009다40219판결). 일반적으로 토지는 현물분할, 건물은 대금분할인 경우가 많다. 공유물분할 판결에 의한 경매는 공유자우선매수권이 인정되지 않는다. 공유물분할을 위한 경매는 부동산 위의 부담을 소멸시키는 것을 원칙으로 하되, 집행법원이 필요한 경우 목적 부동산 위의 부담을 소멸시키지 않고 인수조건으로 매각 절차를 진행할 수 있다. 이 경우, 매각조건 변경 내용을 매각물건명세서에 고지해야 한다(대법원 2006다37908판결).

참고로 공유물분할소송을 할 때는 먼저 상대방 지분에 '부동산처분금지가처분'을 해놓는 게 좋다. 이유인즉슨, 공유물분할청구소송의 판결이 나오기 전에 상대방 지분권자가 자기 지분을 제삼자에게 매도해버리면 다시 그 소유자를 상대로 소송을 진행해야 하는 부담이 생기기 때문이다.

TIP 입장을 바꿔 생각해봐야 협상이 수월하다

공유자의 지분을 내가 사거나 또는 내 지분을 상대에게 파는 경우, 상대방의 입장에서 생각해봐야 협의가 수월하다. 살 때는 당연히 싸게 사고 싶을 것이며, 팔 때는 비싸게 팔고 싶을 것이다. 이는 상대 공유자도 같은 생각일 것이다.

#상황 1
본인 : 제 지분을 3,000만 원에 팔고 싶습니다.
상대 : 그러지 말고 저는 돈이 없으니 제 지분을 3,000만 원에 사 가시죠.
본인 : 네? 그 가격은 너무 비싸요.
상대 : ???

#상황 2
본인 : 3,000만 원에 나머지 지분을 사고 싶습니다.
상대 : 그러지 말고 제게 3,000만 원에 지분을 파시죠.
본인 : 네? 그 가격은 너무 싸요.
상대 : ???

이렇듯 나는 비싸게 팔고 싶고 싸게 사려고 한다면 상대방은 기가 막힌 표정을 지을 테고, 당연히 제대로 된 협상이 이뤄질 수 없다. 따라서 합리적인 가격을 제시하는 게 좋다. 시세를 모르면 감정평가를 하는 방법도 있고, 인근 부동산 중개사무실 네다섯 곳을 돌면서 시세 파악을 하는 경우도 있다.

340만 원 낙찰,
1,400만 원에 판 소액 투자

공매 진행 내역

 이 이야기는 필자의 지인이 공매 투자해 성공한 사례다. 경기도 수원시에 위치한 5.66㎡(약 1.7평)의 땅이 압류재산 공매에 등장했다. 해당 땅은 상가 마당의 한가운데 있는 아주 작은 부분으로 1/3의 공유 지분이었다. 즉, 원 필지는 5평이 약간 넘는 면적을 3인이 공유로 소유하고 있었는데, 이 중 1인의 국세 체납으로 인해 해당 지분이 공매에 등장한 것이다.

해당 지분의 감정가는 849만 원이었고, 유찰을 거듭해 297만 원까지 가격이 떨어졌다. 이때, 지인은 341만 원을 써서 경쟁자를 제치고 해당 토지를 낙찰받았다.

입찰시작 일시~입찰마감 일시	개찰일시 / 매각결정일시	최저입찰가
12.10.29 10:00 ~ 12.10.31 17:00	12.11.01 11:00 / 12.11.05 10:00	4,245,000
12.11.05 10:00 ~ 12.11.07 17:00	12.11.08 11:00 / 12.11.12 10:00	3,821,000
12.11.12 10:00 ~ 12.11.14 17:00	12.11.15 11:00 / 12.11.19 10:00	3,396,000
12.11.19 10:00 ~ 12.11.21 17:00	12.11.22 11:00 / 12.11.26 10:00	2,972,000

낙찰(매각결정(낙찰자)) : 3,411,000원 (114.77%)

낙찰 결과 내역

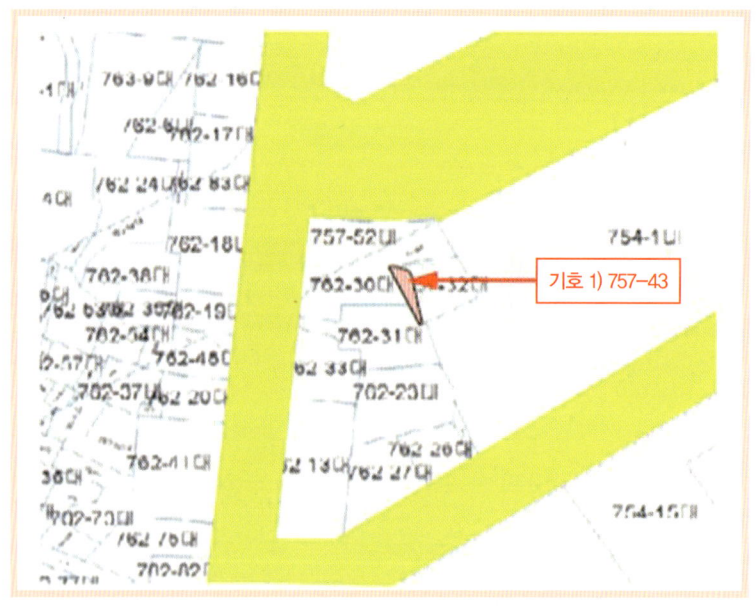

지적도상 토지 위치

토지 위치(상가의 마당으로 이용 중)

겉으로 보기엔 마당으로 이용 중인 아무짝에도 쓸모없어 보이는 땅을 낙찰받은 이유는 이 땅을 단독으로 쓰지는 못하지만, 이 땅이 없으면 건물을 지을 수 없는 상황이었다. 즉, 누군가가 향후 주변의 낮은 건물을 철거하고 건물을 지으려 한다면 이 땅이 꼭 필요했다. 실제 낙찰 전 주변 땅을 조사해본 결과, 1인이 주변 땅들을 매입하고 있는 정황이 포착되었다. 그래서 이를 아는 경쟁자가 한 명쯤은 더 들어올 것을 예상해 공매예정가격에서 살짝 높이는 전략을 구사했는데 예상이 맞아떨어졌다.

땅을 낙찰받은 뒤 해당 땅에 관해 문의 차 인근 부동산 중개사무소를 방문했다. 그러자 공인중개사는 마침 이 주변 땅을 매입하고 있는 사람을 잘 안다며 반색했다. 다만 공유 지분이므로 나머지 공유자 2인을 찾아 공유자 모두가 매각에 동의하는 조건으로 말이다. 이에 지인은 해당 공유자를 찾아 나섰고 협의를 마치기까지 소정의 기간이 걸렸지만, 매각한다는 동의를 받아냈다. 이후 해당 땅은 4,200만 원에 매각되어 1/3 지분권자인 지인은 1,400만 원을 받게 되었다. 341만 원에 낙찰받은 지 일 년도 안 되는 짧은 시간에 네 배 가까운 이익을 보고 팔았으니 참으로 놀라운 수치다.

남이 필요로 하는 땅을 낙찰받으면 백전백승

　작은 땅이라고 다 돈이 되는 것은 아니지만, 그중엔 분명 돈 되는 땅이 있다. 그러니 이 작은 땅을 필요로 하는 사람이 누군지 먼저 생각하는 게 좋다. 거래에는 심리가 많이 작용한다. 팔려는 사람이 없는데 사려는 사람이 많으면 가격이 올라가고, 사려는 사람은 없는데 팔려는 사람이 많으면 가격이 내려간다.

　앞의 사례에서 본 341만 원에 낙찰받은 1/3 지분 땅도 마찬가지다. 남들은 1.7평밖에 되지 않은 자투리땅에 지분 소유로 되어 있으니 쓸데없는 땅이라고 폄하했을 것이다. 하지만 사려는 사람이 있으면 이 땅은 매우 가치 있는 땅으로 탈바꿈한다. 그러니 낙찰 전부터 이미 매수자가 대기하고 있는 물건을 알아보는 안목을 키우면 큰 도움이 된다.

감정평가금액을 맹신하지 말자

작은 땅이 돈이 되는 이유는 정확한 시세가 없기 때문이라는 점도 한몫한다. 이 때문에 많은 분들이 투자를 꺼리지만, 반대로 생각하면 그 땅의 가격은 본인이 어떻게 하느냐에 따라 달라질 수 있다는 뜻이기도 하다. 작고 못생긴 땅은 대부분 감정평가금액이 낮게 평가된다. 땅의 감정평가가 주로 인근 지역에서 기존에 거래된 사례를 기준으로 하는 매매사례비교법으로 이뤄지기 때문이다.

땅은 주택에 비해 거래사례가 드물다. 기준으로 삼은 그 거래사례가 10년 전의 것이라면, 물가상승률 정도만 반영될 뿐, 그사이에 이 지역의 상황이 어떻게 달라졌는지는 반영되지 않는 경우가 많다. 땅이 작고 못생겼으니 건축행위가 어렵다는 이유로 가격이 더 낮게 매겨지기도 한다. 그래서 노련한 투자자들은 감정평가 결과를 곧이곧대로 믿지 않는다.

남의 집 뒷마당 낙찰, 1개월 만에 되팔다

공매 진행 내역

　서울 강남구에 위치한 땅 2㎡(약 0.6평)가 공매재산으로 나왔다. 해당 땅은 고급주택의 뒷마당으로 이용 중인 자투리땅으로 담장 안쪽에 위치해 있었다. 땅의 감정가는 728만 원이었으며, 50%까지 유찰되자 세 명의 입찰자 속에 440만 원에 낙찰되었다.

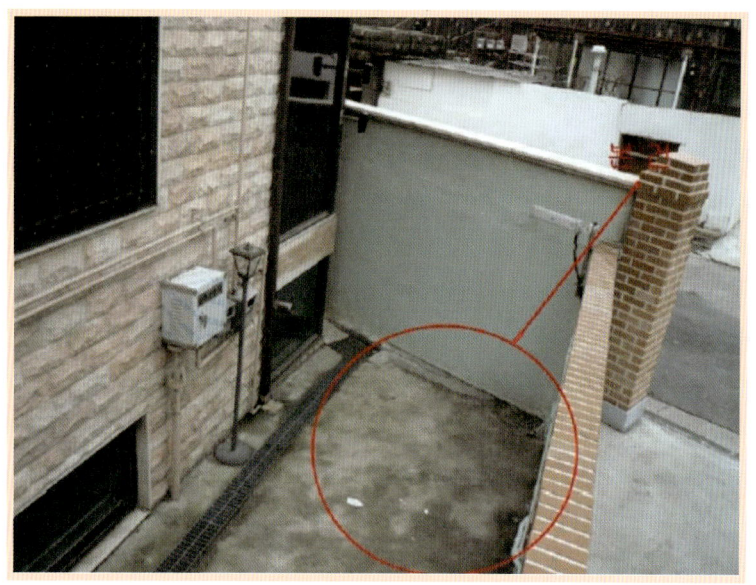

뒷마당 중 일부가 공매재산으로 나왔다

입찰시작 일시~입찰마감 일시	개찰일시 / 매각결정일시	최저입찰가
10.07.05 10:00 ~ 10.07.07 17:00	10.07.08 11:00 / 10.07.09 14:00	7,280,000
10.07.12 10:00 ~ 10.07.14 17:00	10.07.15 11:00 / 10.07.16 14:00	6,552,000
10.07.19 10:00 ~ 10.07.21 17:00	10.07.22 11:00 / 10.07.23 14:00	5,824,000
10.07.26 10:00 ~ 10.07.28 17:00	10.07.29 11:00 / 10.07.30 14:00	5,096,000
10.08.02 10:00 ~ 10.08.04 17:00	10.08.05 11:00 / 10.08.06 14:00	4,368,000
10.08.09 10:00 ~ 10.08.11 17:00	10.08.12 11:00 / 10.08.13 14:00	3,640,000
	낙찰(배분종결) : **4,411,100**원 (121.18%)	

낙찰 결과 내역

해당 땅의 최고가 매수신청인은 주택 소유자에게 직접 연락을 취해 땅이 뒷마당 일부분에 편입되어 있다는 사실을 알린 후, 땅에 대한 사용료를 청구할 예정임을 고지했다. 그러자 주택 소유자의 남편은 땅을 사 갈 의사를 보였다. 그러나 부인은 담장을 물리고 토지를 돌려주겠다며 배짱을 부렸고, 실제 벽돌로 옹벽을 둘러치기도 했다.

하지만 좁아진 탓에 뒷마당 사용에도 불편이 있고, 담장의 모양이 고르지 않아 전체적으로 고급주택의 외관에도 악영향을 끼치자 다시 맘을 바꿔 매입 의사를 보였다. 서로 오가는 전화 몇 통으로 매매가 이뤄졌으며 매매가는 감정가에 준하는 700만 원으로 잔금 납부한 지 한 달도 안 되어서 거래가 이뤄졌다. 이렇듯 매수자가 정해져 있는 부동산을 낙찰받으면 훨씬 수익 내기가 쉽다.

상대방도 수긍할 수 있는 금액으로 팔아야 좋다

앞에서 살 사람이 정해져 있는 물건을 낙찰받으면 수익 내기가 수월하다고 말했다. 하지만 여기에도 일정 단서가 존재한다. 바로 상대방이 수긍할 수 있는 금액으로 낙찰받아야 수익 내기가 수월하다는 점이다. 아무리 살 수밖에 없는 처지라도 매수금액이 매력적이어야 협상이 수월한 법이다.

앞서 고급주택의 담장 안에 포함된 0.6평의 땅도 마찬가지다. 728만 원의 감정가에서 440만 원으로 낙찰, 다시 700만 원으로 팔았기에 결과적으로 둘 다 좋았다. 하지만 이를 낙찰받고 싶은 욕심에 700만 원에 낙찰받아 1,300만 원에 팔려고 했다면 수월하지 않았을 것이다. 사는 사람 입장에서는 손해 본다는 생각이 강하게 들기 때문이다. 이러면 협상이 어려워지고 감정 문제로 치닫기 쉽다. 낮은 가격에 낙찰받으면 최고가 매수신청인도 쉽게 팔고 얻은 수익으로 다른 물건에 재투자할 기반을 마련할 수 있을 것이다. 하지만 높은 가격이라면 팔리지 않고 지지부진해 결국 자금이 묶이면서 재투자할 기회가 지연되어 손해다.

입장을 바꿔 생각해보자

많은 사람들이 낙찰받기 위해 입찰을 한다. 낙찰받아야 수익을 낼 수 있으니 낙찰이 중요하지만, 낙찰만을 위해 돌진하면 위험하다. 부동산을 낙찰받으면 점유자를 명도하기도 하고, 해당 물건을 임대 놓거나 매매할 수도 있다. 이때, 상대방이 쉽게 수긍을 할 수 있는지를 먼저 생각해야 한다. 점유자가 쉽게 나갈 수 있는 상황인지, 임대를 놓는다면 해당 임대 가격에 쉽게 들어올 수 있는지, 매매를 한다면 해당 가격에 상대방이 쉽게 동조할지 말이다. 모든 거래에는 상대방이 존재한다. 상대방과 협의가 잘 이뤄져야 문제 해결이 쉽다. 그러기 위해서는 낙찰받기 전에 상대방 입장에서 생각해봐야 한다. 본인이라면 그 가격에 마음이 움직일지 말이다. 그러지 않고 '우선 낙찰부터 받고 보자'는 생각은 하나만 알고 둘은 모르는 처사다.

인간미 있는 공매를
지속하려면…

낙찰받을 때 좋은 물건이란 어떤 물건을 말하는 것일까? 낙찰은 돈 되는 물건을 받아야 한다. 즉 공·경매에서는 돈 되는 물건이 좋은 물건이다. 너무 쉬운 이야기라 싱거운가? 하지만 이 간단한 이치를 모르는 사람이 의외로 많다.

한 예로, 낙찰받았는데 관리비가 500만 원이 밀려 있다면 어떨까? 관리비가 많이 밀려 있으니 낙찰을 취소하고 싶다고 하소연할 것인가? 그렇다면 처음부터 그리 좋은 물건이 아니었던 것이다. 500만 원 관리비가 밀려 있었다면 낙찰받기 전부터 이를 파악하고 입찰가를 낮춰 500만 원을 물어주고도 충분히 수익이 나야 좋은 물건이다.

낙찰받을 욕심에 무리한 가격을 쓴다

사람들은 낙찰받을 욕심이 앞선다. 실제 현장에선 최고가 매수신청인에게 "왜 이렇게 빡빡하게 구냐, 피도 눈물도 없냐?" 등의 말을 하는 경우도 많다. 최고가 매수신청인 역시 당연히 피도 눈물도 있는 사람이다. 그런데도 현장에서 이런 말을 듣는 건 빡빡하게 나갈 수밖에 없는 낙찰가를 써내기 때문이다.

여러분이 저렴한 가격에 낙찰받으면 훨씬 베풀 수 있다. 이사비를 조금 더 달라는 점유자에게 선뜻 응할 수도, 이사 기한을 조금 더 달라는 점유자에게 "조금 더 사세요"라는 말이 흔쾌히 나올 수도 있다. 이렇게 명도하면 감정 상하는 것이 없으니 공매가 재미있고, 재미있으니 또 하고 싶어진다. 결국, 공매로 수익을 낼 수 있느냐, 재밌는 공매를 할 수 있느냐는 싸게 낙찰받았느냐, 아니냐에 따라 나뉜다. 싸게 낙찰받았으면 좋은 물건이고, 비싸게 낙찰받았으면 좋지 않은 물건이 된다.

그럼에도 불구하고 이제 공매를 시작하는 초보자일수록 아파트는 좋은 물건, 낡은 빌라는 좋지 않은 물건으로 나눈다거나, 1층 상가는 좋은 물건, 지하상가는 좋지 않은 물건이라고 생각한다. 하지만 이렇게 나누면 곤란하다. 투자하는 여러분들에게 수익을 안겨줄 수 있는 물건이 좋은 물건이고, 수익을 주지 못하는 물건은 좋지 않은 물건이다.

따라서 생각을 바꾸길 바란다. 겉으로 보기에 깔끔하고 번듯한 건물이 좋은 물건이 아니며, 허름하고 낡은 물건이 나쁜 물건이 아니다. 물건 상태 및 제반 사정에 맞는 가격에 낙찰받아 수익을 내는 게 좋은 물건이다. 아파트만 입찰하고 싶으면 저렴하게 낙찰받아 수익을 내면 된다. 하지만 현실은 높은 가격을 써내는 입찰자 틈에 끼어 번번이 떨어지기 일쑤일 것이다. 그러다 보니 수익이 나는 가격이 아닌 낙찰이 되는 가격을 써내는 우를 범한다.

다시 한번 말하지만, 지금은 아파트만 공략해서는 높은 수익을 낼 수 없다. 내 눈에 쉬워 보이면 남들 눈에도 쉬워 보여 입찰자가 많다. 많은 입찰자 수는 낙찰가와 비례하므로 고가 낙찰이 속출해 최고가 매수신청인이 빡빡하다는 소리를 듣는 원인이 된다. 그러므로 아파트만 지향하지 말고 수익이 나는 다양한 물건에 눈을 돌려야 한다.

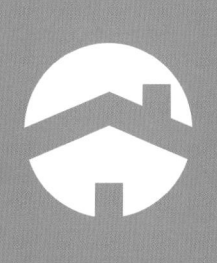

Part3.

공매, 이것만은 꼭 알고 입찰하자

경매에서 먼저 낙찰되었지만, 공매가 이긴 이유

 서울 중구 을지로에 위치한 지하 1~2층의 사우나 건물 1,525㎡ (약 461평)가 경매에 나왔다. 이 사우나 건물은 경매가 진행되던 사이 세무서의 의뢰로 캠코에서도 2016년 8월부터 공매를 진행하던 물건이었다.

 경매와 공매가 경합으로 진행되던 중, 경매에서 2016년 10월 4일, 21억 원에 낙찰되어 매각허가결정을 거쳐 대금 납부기한이 2016년 11월 14일로 지정되었다.

경매에서 먼저 낙찰된 결과 내역

그러던 어느 날, 어떤 고객이 필자에게 상담을 요청해왔다.

"저… 2014-○○○○○-003 물건 아직 진행되는 거 맞나요? 이미 경매에서 낙찰되었는데…."

물어보는 고객의 얼굴이 무척 초조해 보였다. 필자가 해당 경매 법원에 확인해보니 당해 물건은 이미 낙찰되어 매수대금 납부기한까지 정해져 있었다. 그런데 낙찰자는 아직 대금을 납부하지 않은 상태였다. 그리고 공매는 다음 주 월요일부터 진행될 예정이었다. 이에 "공매와 경매는 별개의 제도이고, 또한 경매낙찰자가 아직 잔대금을 납부하지 않아서 공매는 예정대로 진행됩니다"라고 말하자 고객은 가슴을 쓸어내리며 안도했다. 그 모습을 지켜보던 필자는 호기심이 들었다.

"저, 무슨 일 때문에 그러신가요?"

"아… 그게… 꼭 매수하고 싶은 물건이었는데… 저도 경매 입찰에 참여했지만, 다른 사람에게 낙찰됐어요. 그런데 공매는 계속 진행되더라고요. 그래서 그 이유가 궁금했어요."

"아, 그러시군요. 제가 자세히 안내해드릴게요."

고객을 상담실로 안내했다. 편안한 의자에 앉아 따뜻한 차 한 잔을 마시자 고객의 마음이 조금 가라앉는 듯 보였다. 무슨 사연인지는 모르지만, 이 사우나 건물을 꼭 매수하고 싶다는 의지가 강했다. 공매감정가로는 40억 원이 넘는 건물이 유찰을 거듭해 반값인 20억 3,500만 원 정도에 공매예정가격이 형성되어 있었다. 공매 신청이 경매개시보다 늦었지만, 공매는 일주일에 최초 공매예정가격의 10%씩 저감되다 보니 속도가 빨라져 엇비슷해진 것이다. 비록 경매에서 이미 낙찰되었지만, 대금 납부 전이라 공매는 계속 진행할 수 있다. 그리고 만약 고객이 공매에서 낙찰을 받고 먼저 매수대금을 납부하면 이 사우나 건물의 소유권을 취득하게 된다. 하지만 매각결정허가가 나기 전, 경매최고가매수신고인이 잔금을 납부하는 일이 발생하면 간발의 차이로 소유권을 놓치게 되기에 아슬아슬한 심정이 고객의 얼굴에 고스란히 묻어났다.

"공매에서 낙찰을 받으면 제가 매수대금을 납부할 수 있는 시기는 언제부터죠?"

"이 물건은 압류재산 공매이므로 월요일 오전 10시부터 수요일 오후 5시까지 기간입찰입니다. 개찰은 익일인 목요일 오전 11시에 하고요. 매각결정은 개찰일의 다음 주 월요일 오전 10시에 결정되니 이 시간 이후에는 곧바로 매수대금을 납부하실 수 있습니다."

"그럼 목요일 최고가 매수신청인으로 선정되고 나흘 후 매각결정이 나면 바로 매수대금을 납부할 수 있겠네요."

"네, 그렇습니다. 그런데 20억 원이 넘는 매수대금을 단시간에 납부하실 수 있으신가요?"

"이미 은행과 이야기를 다해놔서 낙찰만 받으면 바로 대출이 나오도록 서류 심사를 끝내놨어요. 빠르게 매수대금을 납부하는 데는 문제없습니다."

"그렇군요, 행운이 있길 기원하겠습니다."

"감사드립니다."

차를 다 마신 고객은 자리에서 일어나 돌아갔다. 생면부지의 고객이었지만 이 물건을 꼭 매수하고 싶은 굳은 의지가 전해져 낙찰의 행운이 있길 기원했다. 그로부터 며칠 후 개찰결과가 나왔는데, 다행히 그 고객이 낙찰받았다는 연락을 받았다.

공매 진행 내역

공매낙찰 결과 내역

　　낙찰 결과가 발표된 지 나흘 후, 매각결정 결과가 나오는 월요일이 되자 아침 일찍 의뢰인은 캠코를 찾아왔다. 현장에서 직접 매각결정통지서를 수령하고 그 즉시 매수대금을 납부할 생각으로 말이다. 오전 10시가 되자 캠코로부터 매각결정통지서를 받았고, 이에 즉시 매수대금을 납부하려고 했다. 담당자는 매수대금을 수령하기 전 경매계에 전화를 걸어 대금 납부 여부를 물었고, 해당 물건의 대금은 아직 납부 전이라는 이야기를 들었다. 확인이 끝난 후 캠코에서는 매수대금을 수령했고, 다시 경매계에 전화를 걸어 공매 매수대금 수령 사실 확인을 전한 후, 경매 절차 중지 요청 공문을 팩스 발송했다. 매수인은 매수대금을 납부한 때에 공매재산의 소유권을 취득하므로 공매 매수인이 새로운 소유자가 되고, 경매에서 먼저 낙찰받은 최고가매수신고인은 매수신청보증금을 반환받고 낙찰이 무효가 된다.

> **국세징수법 제91조**(매수대금 납부의 효과) ① 매수인은 매수대금을 완납한 때에 공매재산을 취득한다.
>
> **민법 제187조**(등기를 요하지 아니하는 부동산물권 취득) 상속, 공용징수, 판결, 경매 기타 법률의 규정에 의한 부동산에 관한 물권의 취득은 등기를 요하지 아니한다. 그러나 등기를 하지 아니하면 이를 처분하지 못한다.

이 사례는 경매로 먼저 낙찰이 되었더라도 포기하지 않고 공매 입찰 여부를 알아본 뒤, 매수대금 납부 계획을 철저히 세워놓고 낙찰이 확정되자마자 매수대금을 납부함으로써 놓칠 뻔한 물건을 차지한 사례다. 그러니 여러분도 미리 포기하지 말고, 어떻게 하면 기회가 남아 있는지를 자세히 살펴 공매와 경매가 경합하고 있는 경우를 잘 공략해보길 바란다.

TIP 경매와 공매의 경합

경매는 민사집행법에 의해 관할법원에서 매각을 진행하는 절차이고, 공매는 국세징수법에 의해 캠코에서 매각을 진행하는 절차다. 이 둘은 엄연히 다른 법률을 제공받는 별개의 기관이므로 상호불간섭 원칙이 기본이다. 따라서 경매가 진행되더라도 공매를 진행할 수 있고, 마찬가지로 공매가 먼저 진행되더라도 경매를 진행할 수 있다. 또한 경매와 공매 매각 절차에서 동시에 낙찰된 경우, 양쪽 낙찰자 중 먼저 잔대금을 납부한 자가 진정한 소유자로 확정된다(대법원 59.5.19자 선고 4292민재항2 결정).

※ 낙찰 후 공매와 경매의 잔대금 납부 시기

공·경매에서는 원칙적으로 매수인(낙찰자)이 잔대금을 납부하면 소유권이전등기 없이도 소유권을 취득한다. 그렇다면 공매낙찰자 또는 경매낙찰자가 잔대금을 납부할 수 있는 시기에 대해 알아보자.

공매에서는 개찰 후 3일 이내로 보통 다음 주 월요일 10시에 매각결정이 이뤄진다. 매각결정이 이뤄지면 즉시 대금 납부기한이 정해지고, 매수대금을 납부할 수 있다. 경매에서는 개찰 후 7일 후 매각허가결정이 이뤄지고, 또다시 7일이 지난 후 매각허가결정이 확정되어야 대금 납부기한이 정해지고, 매수대금을 납부할 수 있다.

요약하면 공매낙찰자는 개찰 후 3일이 지나면 잔대금을 납부해 소유권을 취득할 수 있지만, 경매는 개찰 후 14일이 지나야 잔대금을 납부할 수 있고, 소유권도 취득할 수 있다.

농지, 매수대금을 완납하고도 소유권을 놓친 사연

앞서 공매와 경매가 경합된 경우, 낙찰된 순서가 아니라 먼저 매수대금을 납부한 사람이 소유권을 취득한다고 말했다. 따라서 이런 경우 대금 납부기한까지 여유롭게 기다릴 게 아닌, 서둘러 매수대금을 납부하는 지혜가 필요하다. 하지만 매수대금을 내고도 소유권을 놓친 사연이 있으니 다음의 내용을 잘 이해해보자.

김원진 씨(가명)는 지목 '전'인 땅 500여 평을 공매로 5,000만 원에 낙찰받았다. 대금 납부기한에 맞춰 매수대금을 납부했지만 농지취득자격증명서(이하 '농취증'으로 줄임)를 발급받지 못해 해당 땅의 소유권이전등기를 할 수 없었다. 농지의 경우 소유권이전등기를 할 때 반드시 농취증을 첨부해야 하기 때문이다. 농취증을 받으려 담당자를 찾아갔지만, 불법 훼손 농지라 원상복구를 해야 농취증을 발급해준다는 말을 듣고 돌아섰던 김원진 씨였다. 농취증이 없어

비록 소유권이전은 하지 못했지만, 김원진 씨는 걱정하지 않았다. 매수대금을 납부한 때에 공매재산을 취득한다는 국세징수법을 잘 알고 있었기 때문이다.

그런데 몇 달 후 문제가 발생했다. 체납자 겸 농지소유자(등기명의인)가 해당 토지를 매매로 팔아버린 것이다(또는 경매로 매각되는 경우도 마찬가지다). 김원진 씨가 납부한 매수대금으로 국세 등이 충당되자 체납자는 얼마 남지 않은 체납세액을 완납하고 등기사항전부증명서에 있는 압류 등기를 말소한 후, 제삼자에게 매각한 것이다. 새로 땅을 산 매수인 홍길동(가명)은 어떤 기교를 부렸는지 결과적으로 농취증을 발급받았고 소유권이전등기를 마쳤다. 이렇게 되자 중간에 있던 김원진 씨의 소유권이 날아가는 일이 발생했다.

자, 이런 경우 농지는 공매로 낙찰받고 매수대금까지 완납한 김원진 씨의 소유일까? 아니면 농취증을 발급받아 소유권이전등기를 경료받은 홍길동의 소유일까? 이 경우엔 홍길동이 소유자가 된다. 농지는 취득 시기를 공매의 매수대금을 완납한 때로 보는 게 아닌, 농취증을 제출하고 소유권을 이전한 시기로 보기 때문이다.

TIP 농취증을 발급받지 못하면 소유권을 취득한 게 아니다

농지취득자격증명은 농지를 취득하는 자에게 농지취득의 자격이 있다는 것을 증명하는 것으로, 농지를 취득하려는 자는 농지 소재지를 관할하는 시장, 구청장, 읍장 또는 면장에게서 농지취득자격증명을 발급받아야 하고, 농지취득자격증명을 발급받아 농지를 취득하는 자가 그 소유권에 관한 등기를 신청할 때는 농지취득자격증명을 첨부해야 한다(농지법 제8조 제1항, 제4항). 따라서 농지를 취득하려는 자가 농지에 대해 소유권이전등기를 마쳤다 하더라도 농지취득자격증명을 발급받지 못한 이상 그 소유권을 취득하지 못하고, 이는 공매절차에 의한 매각의 경우에도 마찬가지라 할 것이므로, 공매 부동산이 농지법이 정한 농지인 경우에는 매각결정과 대금 납부가 이뤄졌다고 하더라도 농지취득자격증명을 발급받지 못한 이상 소유권을 취득할 수 없고, 설령 매수인 앞으로 소유권이전등기가 경료되었다고 하더라도 달라지지 않으며, 다만 매각결정과 대금 납부 후에 농지취득자격증명을 추완할 수 있을 뿐이다(대법원 2010다68060판결).

따라서 이 경우, 김원진 씨는 억울하게 소유권을 날리는 일이 발생한다. 그렇다면 캠코로부터 농지 대금 5,000만 원을 반환받을 수 있을까? 안타깝지만 이조차 반환받을 수 없다. 그 이유는 캠코가 반환할 이유가 없기 때문이다. 김원진 씨가 낸 대금 5,000만 원은 전 소유자의 체납액을 충당한 후 남은 금액은 전 소유자에게 지급이 끝난 상태였다. 그러니 캠코에 남아 있는 돈이 없다. 또한, 이는 캠코에 소유권이전을 더디게 한 귀책 사유가 있는 게 아닌, 김원진 씨가 농취증을 제출하지 않아 발생한 일이다. 그렇기에 귀책 사유가 김원진 씨에게 있는 것이다. 그럼 김원진 씨는 전 소유자를 상대로 반환소송을 하면 승산이 있을까? 이는 장담할 수 없다. 전 소유자를 상대로 부당이득 반환청구소송을 제기한다 해도 전 소유자에게 매수대금을 되돌려 받지 못할 가능성이 크다. 왜냐하면 세금을 체납해 공매가 진행된 이상 사적인 채무도 많을 것이기 때문이다. 따라서 이런 경우, 김원진 씨는 농취증을 발급받지 못한 채 매수대금을 납부할 게 아니라 매수대금을 납부하지 말고 공매보증금만 포기하는 게 훨씬 나을 뻔했다.

참고로, 경매의 경우 이런 일까진 발생하지 않는다. 그 이유는 경매에서 농지는 매각조건에 '매각기일로부터 7일 내 농취증 제출, 미제출 시 입찰보증금 몰수'라는 조건을 걸고 매각을 진행하기 때문이다. 따라서 매각기일로부터 7일 내 농취증을 제출하지 못하면 입찰보증금이 몰수되고 해당 사건은 다시 재매각으로 진행되니 매각 잔대금을 납부까지 하는 일은 발생하지 않는다. 하지만 공매는 이런 규정이 없어 농취증을 소유권이전 시에만 첨부하면 되므로 경매에 비해 농취증 발급의 시간 여유가 있다. 하지만 끝내 발급받지 못할 경우, 소유권이전을 할 수 없으므로 매수 잔대금까지 납부하는 일은 신중해야 한다(물론 잔대금 납부 후 농취증을 발급받아 추완할 수 있지만, 그 사이 경매나 매매로 매각되면 자칫 소유권을 날릴 수 있다).

말소기준권리
찾는 법

압류재산 공매로 나온 부동산의 등기사항전부증명서를 보면 다수의 근저당권 및 질권, 가등기, 압류, 가압류 등의 권리설정으로 매우 복잡해 보인다. 이런 부동산을 낙찰받은 뒤 잔대금을 납부한 후, 소유권이전등기를 할 때 등기사항전부증명서상의 모든 권리가 소멸될 수도 있고 인수해야 할 수도 있는데, 이를 가늠하는 기준이 말소기준권리다.

말소기준권리는 공매재산에 설정된 제한물권 등 매각으로 소멸하는 권리 중 가장 빠른 등기가 될 수 있다. 매수인 입장에서는 당연히 모든 권리가 소멸된 후 소유권이 이전되어야 하므로, 말소기준권리의 숙지는 필수다.

국세징수법 제92조(공매재산에 설정된 제한물권 등의 소멸과 인수 등)

① 공매재산에 설정된 모든 질권·저당권 및 가등기담보권은 매각으로 소멸된다.
② 지상권·지역권·전세권 및 등기된 임차권 등은 압류채권(압류와 관계되는 국세를 포함한다)·가압류채권 및 제1항에 따라 소멸하는 담보물권에 대항할 수 없는 경우 매각으로 소멸된다.
③ 제2항 외의 경우 지상권·지역권·전세권 및 등기된 임차권 등은 매수인이 인수한다. 다만, 제76조 제2항에 따라 전세권자가 배분요구를 한 전세권의 경우에는 매각으로 소멸된다.
④ 매수인은 유치권자에게 그 유치권으로 담보되는 채권을 변제할 책임이 있다.

말소기준권리(=공매재산에 설정된 제한물권 등 매각으로 소멸되는 권리 중 가장 빠른 권리) 종류

1. 질권·저당권 및 가등기담보권
2. 압류채권(=강제경매개시결정등기), 가압류채권
3. 매각으로 소멸되지 아니하는 전세권을 가진 자(=최선순위 전세권 : 원칙적으로는 말소기준권리는 아니나, 배분요구의 종기까지 배분요구를 하면은 예외적으로 말소기준권리가 된다).

이렇게 말소기준권리를 봐도 도무지 감이 오지 않을 것이다. 어떤 방법으로 말소기준권리가 응용되는지 살펴보기 위해 먼저 해당 부동산의 등기사항전부증명서를 열람해보자. 등기사항전부증명서를 열람했으면 갑구와 을구의 등기된 권리를 나눠 적는다. 이때, 갑구는 소유권에 관한 권리가 기록되는 란이고, 을구는 소유권 이외에 관한 권리가 기록되는 란이다(갑을 관계가 아님).

〈예시 1〉

갑구	을구
2018. 4. 15. 가압류 2018. 9. 25. 압류 2020. 5. 25. 공매공고의 등기	2017. 5. 23. 근저당권

부동산등기법 제4조(권리의 순위)
① 같은 부동산에 관해 등기한 권리의 순위는 법률에 다른 규정이 없으면 등기한 순서에 따른다.
② 등기의 순서는 등기기록 중 같은 구에서 한 등기 상호 간에는 순위번호에 따르고, 다른 구에서 한 등기 상호 간에는 접수번호에 따른다.

어느 공매재산의 부동산 등기사항전부증명서를 정리하니 이렇게 권리관계가 나왔다고 보자. 이렇게 적었으면 그다음은 갑구와 을구를 섞어 다시 한 줄로 만들어준다. 접수일자가 빠른 순서로 다시 줄을 세우는 것이다. 그렇다면 다음과 같이 한 줄이 만들어진다.

① 2017. 5. 23. 근저당권(말소기준권리)

② 2018. 4. 15. 가압류

③ 2018. 9. 25. 압류

④ 2020. 5. 25. 공매공고의 등기

접수일자순으로 정리해놓으니 가장 빠른 권리로 근저당권이 보인다(접수일자가 동일한 경우 등기사항전부증명서에 적힌 접수번호순으로 선후를 정한다). 앞서 말소기준권리에 '근저당권'이 있었으므로 이 부동산은 2017. 5. 23. 근저당권이 말소기준권리로 되어 근저당권 이후 등기된 압류, 가압류, 공매 공고의 등기는 모두 말소가 된다. 즉, 소유권이 이전되면 등기사항전부증명서상의 권리가 깨끗하게 말소되니 안심해도 된다.

~~① 2017. 5. 23. 근저당권(말소기준권리)~~

~~② 2018. 4. 15. 가압류~~

~~③ 2018. 9. 25. 압류~~

~~④ 2020. 5. 25. 공매공고의 등기~~

〈예LI 2〉

말소기준권리 권리분석을 한 번 더 해보자. 이번에도 공매나 경매가 진행되는 어느 부동산의 등기사항전부증명서상의 권리를 갑구와 을구를 구분해서 적어보았다.

갑구	을구
2018. 10. 23. 압류 2019. 2. 20. 가압류 2020. 8. 20. 공매공고의 등기 또는 　　　　　　 강제경매개시결정	2017. 6. 15. 지상권

이렇게 구분이 된다고 볼 때, 갑구와 을구를 섞어 접수일자가 빠른 순서로 한 줄을 만들면 이렇게 된다.

① 2017. 6. 15. 지상권

② 2018. 10. 23. 압류 (말소기준권리)

③ 2019. 2. 20. 가압류

④ 2020. 8. 20. 공매공고의 등기 또는 강제경매개시결정

말소기준권리를 찾으려면 ①번부터 차례로 살펴보면 되는데, 여기서 가장 빠른 등기는 ① 2017. 6. 15. 지상권이다. 하지만 앞서 말한 말소기준권리 종류에 지상권은 포함되어 있지 않으므로 말소기준권리가 될 수 없다. 이런 경우 ②번으로 넘어가야 한다. 두 번째

등기권리는 ② 2018. 10. 23. 압류이므로 말소기준권리가 되어 말소가 되고 압류 이후 등기된 ③ 2019. 2. 20. 가압류와 ④ 2020. 8. 20. 공매공고의 등기 또는 강제경매개시결정 등기 또한 말소가 되지만, ① 2017. 6.1 5. 지상권은 말소되지 않고 매수인의 등기사항전부증명서에 그대로 인수되니 이런 물건은 입찰에 신중을 기해야 한다.

① 2017. 6. 15. 지상권(인수권리)
② 2018. 10. 23. 압류(말소기준권리)
③ 2019. 2. 20. 가압류
④ 2020. 8. 20. 공매공고의 등기 또는 강제경매개시결정

임차인의 대항력 분석법

공매재산을 낙찰받고 찾아갔는데, 임차인이 대항력이 있다고 말하면서 남은 잔여기간과 임차보증금을 물어내라고 한다면 어떡할까? 과연 임차인 말을 믿어야 할까? 임차인 말이 사실이라면 잘못 낙찰받은 건 아닐까? 이 장에서는 임차인의 대항력이 무엇인지, 어느 경우에 입찰자가 조심해야 하는지 알아보자.

> **주택임대차보호법 제3조(대항력 등)**
>
> ① 임대차는 그 등기가 없는 경우에도 임차인이 주택의 인도와 주민등록을 마친 때에는 그다음 날부터 제삼자에 대해 효력이 생긴다. 이 경우 전입신고를 한 때에 주민등록이 된 것으로 본다.
>
> ④ 임차주택의 양수인(그 밖에 임대할 권리를 승계한 자를 포함한다)은 임대인의 지위를 승계한 것으로 본다.

주택임대차보호법에 따라 임차인이 해당 주택에 전입신고를 하고 거주하면, 그다음 날부터 대항력이 발생한다. 따라서 이 주택을 양수한 사람은 임대인의 권리를 승계하므로 임차인의 잔여기간과 임차보증금을 인수해야 한다. 다만 해당 주택이 일반 상황(매매·교환·증여 등)으로 매각되었는지, 특수 상황(경매·공매)으로 매각되었는지에 따라 대항력의 기준이 달라진다. 일반 상황이라면 전입신고한 임차인은 무조건 대항력이 발생한다. 하지만 특수 상황이라면 전입신고를 했더라도 말소기준권리보다 전입신고가 빠른 임차인(선순위 임차인)만 대항력이 있고, 늦은 임차인(후순위 임차인)은 대항력이 없다.

일반 상황(매매·교환·증여 등)
대항력 요건(점유+주민등록 전입신고) = 대항력

경매·공매
대항력 요건(점유+주민등록 전입신고)+선순위 임차인 = 대항력

즉, 공매 입찰자 입장에서는 말소기준권리보다 전입일자가 빠른 선순위 임차인을 주의해야 한다. 다만, 선순위 임차인이라 할지라도 매번 매수인이 인수하는 것은 아니다. 공매가 진행되면 해당 선순위 임차인에게 배분요구의 종기까지 배분요구를 해야 한다고 안내하는데, 이때 임차인이 권리신고 및 배분요구를 하면 임차인은 매각대금에서 임차보증금을 배분받고 이사를 가므로 매수인이 인수

하지 않아도 된다. 다만, 선순위 임차인이 권리신고 및 배분요구를 했음에도 배분금액이 부족해 배분을 받지 못하거나 부족분이 있다면 그 나머지를 매수인이 인수해야 한다.

전입신고가 정확해야 대항력이 발생한다

임차인의 대항력은 전입신고한 주민등록과 건축물관리대장 및 등기사항전부증명서상의 주소가 일치해야 대항력이 발생한다. 만약 전입신고가 잘못 기재되었다면 대항력이 발생할 수 없다.

① 단독주택

단독주택은 건축물관리대장 및 등기사항전부증명서상의 지번과 주민등록 지번이 일치해야 한다.

② 다가구주택

다가구주택은 건축법상 단독주택에 해당되므로 주민등록은 지번만 기재해도 된다. 즉, 소유자가 편의상 구분해놓은 호수까지 기재하지 않아도 대항력이 발생한다.

③ 공동주택(아파트, 다세대주택 등)

공동주택은 지번 외에 동·호수도 기재해야 한다. 동·호수를 누락하거나 주민등록상 동·호수와 다르게 기재된 경우, 대항력을 취득할 수 없다. 건축물관리대장 명칭과 건물 외벽의 명칭이 다른 경우 건축물관리대장이 기준이 된다(주민등록법 시행령 제9조4항).

참고로, 실무에서 간혹 전입신고가 잘못된 경우를 접하게 된다. 등기사항전부증명서상의 호수와 현관문에 부착한 호수가 다른 경우가 있는데, 예를 들어 소유자가 건축 중인 주택 반지하를 101호로, 1층을 201호로 표기했으나 실제 건축물관리대장에는 반지하는 B01호, 1층은 101호로 기재된 경우다. 이때 1층에 전입하는 임차인은 건축물관리대장에 적힌 대로 101호로 전입신고를 해야지, 현관문 표식대로 201호로 전입신고하면 대항력을 취득할 수 없다. 따라서 임대차계약을 할 때는 건축물관리대장까지 꼼꼼히 살펴 올바른 주소로 전입신고를 해야 한다.

TIP 확정일자가 없으면 배분받지 못한다

임차인이 전입신고는 했는데 확정일자를 받지 않았다면 어떻게 될까? 참고로 확정일자는 행정복지센터(주민센터)에 가서 임대차계약서에 확정일자 도장을 받는 절차다.

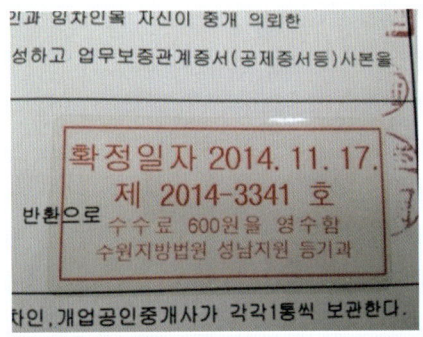

확정일자 예시

결론부터 말하자면 전입신고를 했더라도 확정일자가 없으면 권리신고 및 배분요구를 해도 배분을 받지 못한다(소액임차인 최우선변제금은 예외). 따라서 선순위 임차인이 확정일자를 갖추지 않았다면 배분요구를 해도 받을 수 없으니 매수인이 인수해야 하므로 그만큼 저감된 가격에 입찰해야 한다. 전입일자가 빠르기에 대항력은 있기 때문이다. 만약 이를 모르고 입찰하다간 낙찰이 되고 결국 대금 납부를 하지 못해 공매보증금을 날릴 수 있다. 후순위 임차인이라면 대항력이 없기에 매수인의 인수사항은 아니지만, 명도의 저항이 예상되므로 입찰에 신중해야 한다.

선순위 전세권(말소기준권리보다 앞선 전세권), 바람 잘 날 없다?

이번에는 전세권을 살펴보자. 실무에서도 선순위 전세권을 말소기준권리로 오인하고 입찰해 공매보증금을 몰수당하는 일이 종종 발생하고 있다. 말소기준권리의 종류 중 전세권을 제외한 나머지 권리들은 등기사항전부증명서상의 설정일자가 빠르면 말소기준권리가 되어 이하 후순위 권리들은 소멸하지만, 선순위 전세권은 배분(배당)요구 여부에 따라 말소기준권리가 될 수도, 그렇지 않을 수도 있다.

> **전세권이 말소기준권리가 되는 조건**
> 1) 선순위 전세권일 것(가장 먼저 배분(배당)을 받게 될 때)
> 2) 개별건물 전체 또는 집합건물의 전유부분 전체일 것
> 3) 배분(배당)요구나 임의경매를 신청할 것

이처럼 전세권은 세 가지 조건을 모두 충족했을 때만 말소기준
권리가 되고, 그렇지 않은 경우엔 말소기준권리가 되지 못한다. 예
를 들어보자.

갑구	을구
2018. 11. 10. 가압류 2019. 9. 25. 압류 2020. 5. 25. 공매공고의 등기	2018. 8. 25. 전세권

공매재산으로 나온 아파트의 등기사항전부증명서의 권리관계
다. 순서대로 한 줄로 나열하자면 이렇게 된다.

① 2018. 8. 25. 전세권

② 2018. 11. 10. 가압류

③ 2019. 9. 25. 압류

④ 2020. 5. 25. 공매공고의 등기

이때 가장 빠른 권리는 ① 2018. 8. 25. 전세권이다. 그렇다면 전
세권이 말소기준권리일까? 말소기준권리라면 전세권을 포함해 모
든 권리가 소멸되니 안심이지만, 전세권이 말소기준권리가 안 된다
면 ② 2018. 11. 10. 가압류가 말소기준권리가 되니 ① 2018. 8. 25.
전세권은 인수해야 한다. 이런 경우 전세권이 소멸되는 줄 알고 입
찰했다가는 큰일난다. 그렇다면 어떤 경우에 전세권이 말소기준권
리가 되는지, 왜 전세권은 말소기준권리가 될 때가 있고 그렇지 않

을 때가 있는지 먼저 알아봐야 한다. 그러기 위해선 전세권이란 무엇인지, 어떤 특성 때문에 이렇게 지위가 변하는지 알아봐야 한다.

매각으로 소멸되지 않는 전세권, 권리분석 방법

간혹 전세와 전세권을 같은 권리로 오해하는 분들이 있는데, 이는 엄연히 다른 권리다. 어느 집에 전세계약을 했다면 이건 전세(채권)계약이다. 하지만 전세계약과 더불어 전세권을 설정하기로 소유자의 동의를 얻었고, 이후 등기사항전부증명서에 전세권설정등기를 했다면 전세권(물권)계약을 한 것이다.

물권은 '물건을 지배할 수 있는 권리'의 줄임말로, 이 물권을 취득한 사람은 채무를 변제받지 못했을 때 해당 물건을 경매 신청할 수 있다. 이렇게 나오는 경매가 '임의경매'다.

3	1번근저당권설정, 2번근저당권설정 등기말소	2018년6월14일 제92581호	2018년6월14일 해지	
4	전세권설정	2018년6월14일 제92582호	2018년6월14일 설정계약	전세금 금230,000,000원 범 위 건물의 전부 존속기간 2018년 6월 14일부터 2020년 6월 13일까지 전세권자 주식회사 ▨▨▨▨ 110111-1-▨▨▨▨▨ 경기도 성남시 분당구 ▨▨▨▨
4-1				4번 등기는 건물만에 관한 것임 2018년6월14일 부기
5	근저당권설정	2018년8월2일 제124473호	2018년8월2일 설정계약	채권최고액 금15,000,000원 채무자 문▨▨

등기사항전부증명서에 전세권설정 등기가 된 경우(예시)

전세권자의 속마음을 알아야 한다

임차인이 어느 집에 전세를 들어갈 때 해당 주택에 전세권을 설정하기로 소유자의 동의를 얻는 데는 크게 두 가지 이유가 있다.

첫째, 해당 주택에 전입신고를 하지 못하는 임차인인 경우 대항력을 유지하기 위해 전세권설정을 한다. '여기 임차인이 살고 있다'라고 표시하는 것이다. 일반적으론 전입신고를 하면서 임차인의 거주 여부를 표시하지만, 사정상 전입신고를 못 하는 경우, 전세권설정으로 대신 표현하는 것이다.

둘째, 전입신고를 하는 임차인도 전세권설정을 하는 경우가 있다. 전입신고만으로는 뭔가 불안(?)하다고 느껴 이중으로 안전장치를 마련한다는 생각에 전세권설정까지 하는 것이다. 또한, 확정일자를 못 받는 임차인도 전세권설정을 할 수 있고, 점유를 지속해서 할 수 없는 임차인도 전세권설정을 고려한다. 다만 앞서 이야기했듯이 전세권은 임차인이 하고 싶다고 무조건 할 수 있는 것은 아니다. 소유자의 등기사항전부증명서에 전세권설정등기가 기록되기 때문에 소유자의 동의가 필수다. 만약 소유자가 동의해주지 않으면 전세권설정을 할 수 없다. 또한 전세권설정에는 비용이 발생한다. 이 비용은 전세금액에 따라 차이가 있는데, 대략 2억 원의 전세인 경우 법무사비용까지 포함해 100만 원 전후 비용이 발생한다. 이 금액은 등기권리자인 전세권자가 부담해야 한다.

선순위 전세권자의 배분요구 파악은 필수

선순위 전세권이 설정되어 있는 주택이 공매 또는 경매로 매각이 진행될 때 선순위 전세권이 말소기준권리가 될지, 그렇지 않을지가 관건이다. 공매 매각인 경우, 선순위 전세권자의 신청으로 매각이 진행되는 경우가 아니기에 캠코에서는 해당 전세권자에게 '채권신고 및 배분요구 안내' 서류를 보낸다. 서류 내용인즉슨, 이 주택이 공매 신청되었으니 전세권자의 정체를 밝히고 주택 매각대금에서 전세금을 돌려받을지 말지를 신고하라는 것이다. 서류를 받은 선순위 전세권자가 권리신고 및 배분요구를 할지 말지는 전적으로 전세권자의 마음이다.

전세권자가 배분요구를 하면 저당권과 같은 성격으로 취급하므로 순위에 맞게 배분을 하고 전세권을 소멸시킨다. 설령 배분요구를 한 선순위 전세권자가 전액 배분을 받지 못해 잔액이 남아 있더라도 전세권은 소멸하고, 매수인은 전세권을 인수하지 않는다.

만약 배분요구를 하지 않으면 배분을 하지 않고 선순위 전세권을 존속시킨다. 즉, 입찰자는 선순위 전세권자의 배분요구를 살펴 배분요구종기일까지 적법하게 배분요구를 했으면 원하는 입찰 가격에 응찰하면 된다. 하지만 배분요구를 하지 않았다면 매수인이 인수해야 하는 전세권이므로 예상했던 입찰가에서 해당 전세금만큼 저감된 가격에 입찰해야 하므로, 유찰이 지속될 때까지 기다려야 한다. 쉽게 말해, 5억 원에 입찰하고 싶은 주택에 3억 원의 선순위 전세권자가 적법하게 배분요구를 했으면 5억 원에 입찰하면 되지만, 배분요구를 하지 않았다면 2억 원에 입찰해야 한다(※비교 : 후순위 전세권자는 당연배분권자이므로 배분요구 여부와 무관하게 배분에 참여하게 되고 매각으로 인해 소멸된다).

누구는 1억 원을 날리고, 누구는 1억 원을 돌려받은 이유는?

공매 매각 진행된 아파트

입찰시작일시 ~ 입찰마감일시	개찰일시	최저가	결과 (응찰자 수)
2018.07.16 (10:00) 2018.07.18 (17:00)	2018.07.19 (11:00)	1,630,000,000 (100%)	유찰
2018.07.23 (10:00) 2018.07.25 (17:00)	2018.07.26 (11:00)	1,467,000,000 (90%)	유찰
2018.07.30 (10:00) 2018.08.01 (17:00)	2018.08.02 (11:00)	1,304,000,000 (80%)	유찰
2018.08.06 (10:00) 2018.08.08 (17:00)	2018.08.09 (11:00)	1,141,000,000 (70%) 1,291,620,000원	낙찰
2018.08.13 (10:00) 2018.08.14 (17:00)	2018.08.16 (11:00)	978,000,000 (60%)	취소
2018.08.20 (10:00) 2018.08.22 (17:00)	2018.08.23 (11:00)	815,000,000 (50%)	취소
2018.12.03 (10:00) 2018.12.05 (17:00)	2018.12.06 (11:00)	1,141,000,000 (70%)	유찰
2018.12.10 (10:00) 2018.12.12 (17:00)	2018.12.13 (11:00)	978,000,000 (60%) 1,101,800,000원	낙찰

낙찰 결과 내역

　서울 강남구 도곡동에 위치한 아파트 전용면적 130㎡가 공매 진행되었다. 당시 아파트의 감정평가금액은 16억 3,000만 원이었는데 12억 9,100만 원에 낙찰받은 매수인이 대금미납을 하며 1억 1,410만 원(공매예정가격의 10%)의 공매보증금을 돌려받지 못하고 체납자의 체납액에 충당되었다. 그 후 다시 진행되어 11억 180만 원에 낙찰받은 사람이 있었지만, 잘못된 입찰임을 자각, 9,780만 원의 공매보증금을 날릴 위기에 처했다. 하지만 결과적으로 공매가 취소되며 먼저 낙찰받은 사람은 1억 1,410만 원을 돌려받지 못했지만, 나중에 낙찰받은 사람의 공매보증금 9,780만 원은 돌려받았다. 어떻게 이런 연유가 발생했는지 그 사연을 보자.

번호	권리종류	권리자명	설정일자	설정금액(원)	배분요구일	배분요구채권액(원)
1	전세권	김	2017-07-27	1,100,000,000	배분요구없음	0
2	주소지세무서	서초세무서		0	배분요구없음	274,285,060
3	물건지지방자치단체	서초구청		0	배분요구없음	0
4	가압류	신용보증기금(송파지점)	2018-04-25	45,000,000	2018-06-08	47,896,716
5	가압류	신용보증기금(강남재기지원단)	2018-05-10	703,830,000	2018-06-29	705,867,836
6	위임기관	서초세무서	2017-11-29	0	2018-04-16	274,285,060
7	교부청구	평택세무서		0	2018-10-10	3,670,330

해당 사건의 권리관계 내역

해당 아파트는 소유자의 양도소득세 체납 등으로 인해 체납세액 2억 7,400만 원을 원인으로 한 서초세무서의 압류로 공매가 진행된 사건이었다. 해당 아파트의 등기사항전부증명서에는 전세금 11억 원을 원인으로 2017. 7. 27.에 전세권이 설정되어 있었다. 전세권을 제외한 최선순위 등기가 2017. 11. 29. 압류였으므로 전세권설정등기일이 더 빠른 선순위 전세권이었다. 해당 사건은 세무서의 압류로 인한 공매 진행이었으므로 선순위 전세권자의 배분요구 여부가 핵심이다. 배분요구종기일까지 적법하게 배분요구를 했으면 전세권이 말소되므로 매수인이 인수하지 않지만, 배분요구를 하지 않았으면 선순위 전세권이 유지되어 매수인이 인수하기 때문이다.

위의 표에서 보다시피 전세권자 김○○은 배분요구를 하지 않았다. 따라서 매수인이 11억 원의 전세권을 인수해야 한다. 하지만 이를 모르고 감정가 16억 원의 아파트를 약 12억 9,100만 원에 낙찰받

앞으니 전세금을 더하며 약 23억 9,100만 원에 낙찰받은 셈이다. 그러니 어찌 제대로 된 낙찰이라고 볼 수 있겠는가. 실제 이 당시 매수인이 한 명으로, 선순위 전세권을 인수한다는 사실을 간과한 채 입찰한 것이다. 결국, 매수인이 눈물을 머금고 대금 납부를 하지 못해 공매보증금을 돌려받지 못하고 체납자의 체납액에 충당되었다(1차 매수인).

몰수된 입찰보증금의 처리 방식이 공매와 경매는 다르다

참고로 경매와 공매는 돌려받지 못한 입찰(공매)보증금의 처리 방법이 다르다. 경매는 입찰보증금이 몰수되면 법원이 보관하고 있다가 후에 낙찰이 되어 대금 납부가 되면 몰수된 입찰보증금을 배당재단에 포함해 배당을 진행한다. 즉, '몰수된 입찰보증금＋낙찰대금＝배당재단'이 된다. 하지만 공매는 공매보증금이 몰수되자마자 바로 강제징수비, 체납액 순서로 충당한다. 다시 말해 공매보증금이 몰수되면 캠코에서 보관하고 있다가 후에 재공매가 진행되어 낙찰로 대금 납부가 되면 배분할 금액에 포함하는 게 아니라, 몰수되는 즉시 강제징수비와 체납액에 충당하는 것이다. 이는 민사집행법에 의한 법원 경매와 국세징수법에 의한 캠코 공매는 집행기관과 절차가 다르기 때문인데, 이를 모르는 투자자들이 많으니 반드시 알아두어야 할 상식이다.

국세징수법 제86조(매각결정의 취소) 관할 세무서장은 다음 각 호의 어느 하나에 해당하는 경우, 압류재산의 매각결정을 취소하고 그 사실을 매수인에게 통지해야 한다.

1. 제84조에 따른 매각결정을 한 후 매수인이 매수대금을 납부하기 전에 체납자가 압류와 관련된 체납액을 납부하고 매각결정의 취소를 신청하는 경우. 이 경우 체납자는 매수인의 동의를 받아야 한다.
2. 제85조에 따라 납부를 촉구해도 매수인이 매수대금을 지정된 기한까지 납부하지 아니한 경우

제71조(공매보증) ⑤ 관할 세무서장은 다음 각 호의 어느 하나에 해당하는 경우, 공매보증을 강제징수비, 압류와 관계되는 국세의 순으로 충당한 후 남은 금액은 체납자에게 지급한다.

1. 최고가 매수신청인이 개찰 후 매수계약을 체결하지 아니한 경우
2. 제86조 제2호에 해당하는 사유로 압류재산의 매각결정이 취소된 경우

앞에서 말한 사례의 경우, 위임기관인 서초세무서의 체납세액이 약 2억 7,400만 원이었는데, 매수인이 대금을 미납하자 1억 1,410만 원의 공매보증금이 몰수되며 체납액으로 먼저 충당되었다. 이렇게 되자 소유자의 체납세액이 약 1억 6,000만 원으로 줄어드는 효과가 발생했다. 그 후 다시 공매절차가 진행되어 11억 180만 원에 어느 입찰자가 단독입찰을 했다. 11억 원의 전세권을 인수하면 결

과적으로 22억 180만 원에 입찰한 셈이 되니 감정가 16억 원을 훌쩍 뛰어넘는 매수인이 되었다(2차 매수인). 이 사람도 전세권을 인수한다는 사실을 간과한 채 잘못 입찰한 것이다. 결과적으로 9,780만 원(공매예정가격의 10%)의 공매보증금을 몰수당할 상황에 처했는데, 이변이 일어났다. 소유자가 해당 주택을 매매로 계약하고 받은 계약금으로 남은 국세 등을 완납하면서 공매절차가 취소된 것이다. 낙찰받은 날짜는 2018. 12. 13.이었고 소유자가 국세 등을 완납한 날은 이튿날인 2018. 12. 14.였다. 즉, 매각결정이 나기 전에 체납액이 완납되면서 공매절차가 취소되었다. 그 덕분에 구사일생으로 2차 매수인의 공매보증금 9,780만 원은 돌려받게 되었다.

끝나지 않은 결론

사건이 이렇게 끝나자, 처음에 잘못 낙찰받아 공매보증금 1억 1,410만 원을 몰수당한 1차 매수인이 이의제기했다. 어찌 보면 1차 매수인의 입장에서는 매우 억울할 것이다. 결과적으로 공매가 취소되었으므로 1차 매수인의 공매보증금도 반환되어야 한다며 캠코 측에 다수의 민원 및 이의제기를 했다. 하지만 캠코의 반응은 단호했다. 1차 매수인의 경우, 대금 납부촉구기한까지 매수대금을 납부하지 못해 공매보증금이 몰수되었으며 이는 국세징수법에 명시된 대로 강제징수비 및 체납액에 즉시 충당되었으므로 적법한 절차를 이행했을 뿐이라는 답변이었다. 또한, 2차 매수인은 매각결정 전에 체납액이 완납되어 적법하게 공매절차가 취소, 공매보증금을 반환받은 것이므로 1차 매수인과는 상황이 다르다는 점이었다. 이에 여의치 않자 1차 매수인은 '공매보증금 반환의 소'를 제기했다. 또한, 위헌법률심판을 제청했는데, '매각결정을 취소하는 경우 공매보증금은 강제징수비-체납액-체납자순으로 지급한다'라는 부분은 헌법에 위배된다는 내용이었다. 하지만 제청이 기각되자 헌법소원심판청구(구 국세징수법 제78조 2항이 위헌이라는 이유)를 제출, 현재도 진행 중이다.

결론적으로, 이 사건에서 꼭 알아두어야 할 점은 선순위 전세권은 전세권자가 배분요구하지 않으면 인수하는 권리이고, 입찰자는 이를 감안해 저감된 가격으로 입찰 가격을 산정해야 한다는 점이다. 또한, 대금 납부촉구기한까지 대금 납부를 못해 공매보증금이 몰수되면 캠코에서 보관하고 있는 게 아닌, 그 즉시 강제징수비-체납액-체납자순으로 지급된다는 사실을 기억하길 바란다. 한편, 비록 공매낙찰되었더라도 매각결정 전에 체납자나 소유자가 체납액을 완납하면 공매는 취소되고 공매보증금은 매수인 앞으로 반환된다.

체납액을 대납하고
공매를 취소해 손해를 줄이다

낙찰받고 보니 배당요구하지 않은 선순위 전세권 또는 임차인을 인수해야 한다면 어찌할 것인가? 꼼짝없이 수억 원의 임차보증금을 인수해야 하는 현실 속에 눈물을 머금고 매수대금을 납부하지 않을 것이다. 이렇게 되면 공매보증금은 몰수당하고 해당 물건은 재공매가 진행될 것이다. 하지만 허탈하게 수천만 원에서 수억 원이 넘는 공매보증금을 날릴 게 아니라 적극적으로 해결방안을 모색해 더 나은 방법이 있다면 어떻게든 활용하는 게 좋다. 그 대표적인 예가 공매보증금보다 체납액이 적은 경우에 체납액을 대신 납부하는 것이다.

실제로 경기도 수원시에 위치한 집합상가 건물 한 개 층이 공매에 나온 적이 있었다. 감정가는 39억 원이었는데 공매예정가격이 9억 8,000만 원까지 유찰되었을 때, 약 10억 원에 단독 낙찰되었다.

이 상가는 공매 나온 한 개 층을 포함, 총 두 개 층에 42억 원의 전세권을 설정하고 실내경륜장을 운영하는 전세권자가 있었다. 전세권자는 배분요구를 하지 않아 매수인이 인수해야 하는 상황이었는데, 10억 원에 입찰했으니 결과적으로 31억 원(또는 52억 원)에 낙찰받은 꼴이 되었다. 31억 원인 이유는 낙찰가 10억 원+42억 원의 전세금 중 1/2을 부담한다는 전제다. 하지만 최선순위 전세권자나 대항력 있는 임차인은 전세금이나 임차보증금액이 전액 반환되지 않으면 나가지 않게 된다. 전세금 또는 임차보증금 반환과 목적물의 인도는 동시이행 관계이기 때문이다. 따라서 다른 층의 임대인이 임차보증금 반환에 협조하지 않는다면, 매수인이 42억 원 전액을 반환하고 임차인을 내보낸 뒤 다른 층의 임대인을 상대로 21억 원의 구상권을 행사해야 한다(참고로 이렇게 잘못 입찰한 사유는 당시(2003년) 공매법률 기준에 낙찰을 받은 이후에도 선순위 전세권자가 배분요구를 할 수 있었다. 배분요구를 하면 매수대금에서 배분을 받고 잔여 전세보증금만 매수인이 인수하기로 공매조건에 기재되어 있어서 전세권자가 낙찰 후 배분요구를 하기로 했는데, 최종적으로 배분요구를 거절해 발생했던 것이었다).

결론적으로 어느 모로 보나 잘못 낙찰받은 결과다. 따라서 해당 매수인이 잔금미납을 할 수밖에 없어 1억 원의 공매보증금(현재는 공매보증금이 공매예정가격의 10%지만 당시엔 입찰가격의 10%였음)을 몰수당할 수밖에 없는 상황이었지만, 현실을 냉정하게 판단한 매수인이 체납액 4,800만 원을 대신 납부하고 공매를 해제해 공매보증금을 반환받으면서 5,200만 원의 손해를 축소한 경우가 있었다. 만약 그대로 있었다면 잔금을 미납하면서 1억 원의 공매보증금이 몰수되어 공매를 의뢰한 수원시 팔달구청의 잡수입이 되었을 것이다(당시 공매 법률 기준임. 지금은 법률이 개정되어 몰수한 공매보증금은 강제징수비, 체납액, 체납자순으로 충당하게 된다. 체납액이 4,800만 원이었으므로 가만히 앉아 잔금을 미납했다면 몰수된 공매보증금 1억 원으로 강제징수비 및 체납세액을 충당하고도 돈이 남았을 터, 남은 돈은 체납자에게 귀속되었을 것이다). 그러니 매수인이 손 놓고 있었으면 그대로 1억 원을 날릴 수 있던 상황인데, 체납액을 대신 납부하면서 공매가 취소되어 공매보증금을 돌려받았으니 현명한 판단이란 생각이 든다.

참고로 체납액의 대신 납부는 대금 납부촉구기한 이전에 마쳐야 한다. 그 이후라면 공매보증금이 몰수되므로 체납액을 납부하는 의미가 없다. 더불어 매각결정 후인 경우, 체납자는 매수인의 동의를 받고 체납액을 전액 정리하면 공매를 해제할 수 있고, 이때 매수인의 공매보증금은 반환해준다. 반대로 매각결정 후 체납자가 체납액을 납부해도 매수인의 동의가 없으면 공매를 해제할 수 없다(매각결정 전이라면 최고가 매수신청인의 동의가 없어도 체납자는 체납액을 납부할 수 있고, 이때 공매는 해제된다).

다섯 번의 낙찰, 그중 네 명이 공매보증금을 몰수당한 사연은?

공매 매각 진행 내역

2016.07.04 (10:00) 2016.07.06 (17:00)	2016.07.07 (11:00)	89,600,000 (70%) 90,000,000원	낙찰
2016.07.11 (10:00) 2016.07.13 (17:00)	2016.07.14 (11:00)	76,800,000 (60%) -	취소
2016.07.18 (10:00) 2016.07.20 (17:00)	2016.07.21 (11:00)	64,000,000 (50%) -	취소
2016.10.03 (10:00) 2016.10.05 (17:00)	2016.10.06 (11:00)	89,600,000 (70%) 92,300,000원	낙찰
2016.10.10 (10:00) 2016.10.12 (17:00)	2016.10.13 (11:00)	76,800,000 (60%)	취소
2016.10.17 (10:00) 2016.10.19 (17:00)	2016.10.20 (11:00)	64,000,000 (50%)	취소
2017.01.30 (10:00) 2017.02.01 (17:00)	2017.02.02 (11:00)	38,000,000 (30%) 38,300,000원	낙찰

낙찰 결과 내역(지면 관계상 일부만 기재)

경기도 양주시에 위치한 전용면적 84㎡의 아파트가 체납자의 국세 등으로 인해 압류재산 공매가 진행되었다. 해당 아파트의 감정가는 1억 2,800만 원이었는데 이 사건은 총 다섯 번의 낙찰이 진행되었다.

앞선 네 번의 낙찰 금액은 1억 350만 원, 1억 550만 원, 9,000만 원, 9,230만 원이었으며, 이들 매수인들은 결국 대금 납부 촉구 기한까지 대금을 납부하지 못해 공매보증금이 몰수되었다. 그 후 유찰을 거듭하다 다섯 번째 매수인이 3,830만 원에 낙찰받고 대금을 납부하면서 종결될 수 있었다. 그렇다면 앞선 네 명의 매수인(실제로는 단독입찰이 아닌 다수의 입찰이어서 입찰자 수는 더 많았다)이 실수한 점은 무엇인지, 어떤 점 때문에 대금을 미납할 수밖에 없었는지 살펴보자.

번호	권리 종류	권리자명	등기일자	설정 금액(원)
1	압류	의정부세무서(위임기관)	2013. 2. 8	
2	가압류	심언○	2013. 3. 4	40,045,544
3	가압류	대○아파트 입주자대표회의	2013. 10. 11	15,103,435
4	압류	서초구청	2016. 12. 29	
5	주택임차권	유정○	2015. 9. 3	전입일자 2013. 1. 2. 확정일자 2013. 1. 2. 임차보증금 90,000,000

등기사항전부증명서상의 권리관계

등기사항전부증명서의 권리관계를 보면 해당 아파트는 2013. 2. 8.에 의정부세무서의 압류가 가장 빠른 말소기준권리다. 해당 아파트에 살았던 유정○은 전입일자 및 확정일자가 2013. 1. 2.로 말소기준권리보다 빠른 선순위 임차인이다. 즉, 대항력과 우선변제권을 갖추고 있으며, 이를 유지하기 위해 주택임차권 등기까지 갖춘 임차인이다. 따라서 임차보증금이 전액 변제되지 않으면 주택임차권이 말소되지 않으니 인수해야 하는 임차인이다. 하지만 다행(?)히도 임차인은 배분요구의 종기일까지 배분요구를 했고, 이에 입찰자들은 낙찰금액에서 충분히 임차인에게 배분될 것으로 생각하고 입찰한 듯 보인다. 1억 350만 원, 1억 550만 원, 9,000만 원, 9,230만 원의 낙찰금액을 봤을 때, 이 금액에서 임차보증금 9,000만 원이 배분되면 아무 문제가 없기 때문이다.

하지만 문제는 위임기관인 의정부세무서 체납세액의 법정기일이 주택임차권의 전입일자와 확정일자보다 빠른 데 있었다. 의정부세무서의 압류는 2013. 2. 8.로 임차인의 우선변제권 날짜보다 늦지만 조세채권은 압류일자가 아닌 법정기일이 배분순위를 비교하는 기준일이 된다(법정기일에 대한 설명은 뒷장에서 기술). 의정부세무서의 법정기일은 2004. 5. 31.~2006. 5. 1.로 체납세액은 1억 7,000만 원이 넘는 금액이었다. 따라서 1억 350만 원, 1억 550만 원, 9,000만 원, 9,230만 원의 낙찰금액에 따른 대금 납부를 하더라도 이 금액이 전액 의정부세무서의 국세 등에 충당되니 임차인에게 배분되는 돈은 한 푼도 없게 된다.

따라서 임차인의 9,000만 원의 임차보증금을 매수인이 인수해야 하니 어찌 제대로 된 입찰이라고 할 수 있겠는가! 이런 이유로 대금 납부를 포기하며 줄줄이 공매보증금을 몰수당한 이유다. 몰수당한 공매보증금은 그 즉시 강제징수비와 체납액에 충당되어, 의정부세무서의 체납세액이 1억 4,400만 원으로 줄어드는 효과가 발생했다. 체납자는 몰수된 공매보증금으로 국세 등 일부를 변제한 셈이 된 것이다. 이후 해당 사건은 유찰을 거듭해 3,830만 원에 낙찰되었는데, 임차보증금 9,000만 원을 인수함을 감안하면 시세에 준하는 금액에 낙찰받았다고 볼 수 있다.

순위	권리관계	성명	설정일자	실 채권액	배분금액
1	체납처분비	체납처분비		1,211,040	1,211,040
2	교부청구 (당해세)	양주시청		632,620	632,620
3	압류	서초구청 (법정기일 1994. 9. 10~2006. 5. 1)	2016. 12. 29.	4,844,170	0
4	위임 기관	의정부세무서 (법정기일 2004. 5. 31.~2006. 5. 1.)	2013. 2. 8.	144,392,360	36,459,310
5	교부 청구	양주시청 (법정기일 2006. 8. 10.~2013. 08. 10.)		39,620	0
6	주택 임차권	유정○ 전입일자 2013. 1. 2. 확정일자 2013. 1. 2.	2015.9.3.	90,000,000	0

실제 배분표(※참고 : 국세, 관세, 임시수입부가세, 지방세(=조세채권)는 법정기일이 기준이지만 같은 조세채권끼리의 배분은 압류선착주의라 먼저 압류한 국세 등에 먼저 배분한다. 서초구청의 법정기일이 의정부세무서보다 빠르지만, 압류일이 늦어 의정부세무서기 먼저 배분됨)

조세채권은 압류일자가 아닌 법정기일이다

물건이 매각되면 다수의 채권자들은 서로 먼저 배분을 받으려고 아우성일 것이다. 배분금액이 채권금액보다 많으면 문제가 되지 않지만 적으면 어떻게 배분할 것인가가 문제가 된다. 이에 대해 국세징수법(제96조 제4항) 등은 민법이나 그 밖의 법령에 따라 배분할 순위와 금액을 정해 배분하도록 규정하고 있다.

배분은 권리순위에 따라 이뤄지고, 등기사항전부증명서의 권리라면 일반적으로 각 권리들의 설정일자에 따라 구분해 배분이 된다. 다만, 조세채권은 등기사항전부증명서의 압류일자가 아니라 법정기일이 기준이 된다. 이 장에서는 법정기일이 무엇인지 살펴보자.

순위	구분	권리 종류
0	공매 집행비용	공매 진행에 따른 비용
1	필요비, 유익비	공매목적 부동산에 투입된 필요비, 유익비
2	소액임차보증금 선순위 임금채권	임대차보호법에 의한 소액임차보증금 중 일정액 근로기준법에 의한 근로자 임금 채권 (최종 3개월분 임금, 최종 3년분 퇴직금)
3	당해세	공매목적물 자체에 부과된 국세와 지방세
4	조세채권, 공과금	법정기일이 앞선 조세채권, 납부기한이나 납부고지일이 앞선 조세채권 다음 순위로 징수하는 공과금
5	담보채권	확정일자 있는 임차인의 보증금, 등기한 임차권 담보채권 : 근저당권, 질권, 전세권, 담보가등기
6	일반 임금채권	3개월 초과분 임금, 3년 초과분 퇴직금
7	조세채권	5순위보다 늦은 후순위 조세채권
8	공과금	조세채권 다음 순위로 징수하는 공과금
9	일반채권	우선순위 규정이 없는 공과금, 가압류채권, 집행력 있는 정본에 의한 채권 등

공매 배분순위(경매도 이와 같음)

조세채권은 법정기일(법에서 정해놓은 기일)이 기준

국세기본법 통칙 35-0···3
'법정기일'이라 함은 국세채권과 저당권 등에 의해 담보된 채권 간의 우선 여부를 결정하는 기준일을 말한다.

국세기본법제35조②항
이 조에서 '법정기일'이란 다음 각 호의 어느 하나에 해당하는 기일을 말한다.

1. 과세표준과 세액의 신고에 따라 납세의무가 확정되는 국세[중간예납하는 법인세와 예정신고납부하는 부가가치세 및 소득세

> ('소득세법' 제105조에 따라 신고하는 경우로 한정한다)를 포함한다]의 경우 신고한 해당 세액 : 그 신고일
>
> 2. 과세표준과 세액을 정부가 결정·경정 또는 수시부과 결정을 하는 경우 고지한 해당 세액(제47조의4에 따른 납부지연가산세 중 납세고지서에 따른 납부기한 후의 납부지연가산세와 제47조의5에 따른 원천징수 등 납부지연가산세 중 납세고지서에 따른 납부기한 후의 원천징수 등 납부지연가산세를 포함한다) : 그 납세고지서의 발송일

법정기일을 알기 쉽게 설명해보자. 조세채권에는 신고납부방식과 부과징수방식이 있다. 소득세(양도소득세), 부가가치세, 법인세, 증여세, 상속세 등은 본인이 세금 신고를 하고 해당 세금을 납부를 하는 신고납부방식이다. 재산세, 종합부동산세, 자동차세, 주민세 등은 정부가 납세자에게 고지서를 발송하고 이 고지서에 적힌 세금을 납부하는 부과징수방식이다.

① 소득세 신고는 신고기한 안에 했는데 세금을 납부하지 않았을 경우, 체납자 명의의 부동산이 공·경매로 진행 시 이 소득세의 법정기일은 과거에 소득세 신고한 날이 된다.

② 처음부터 세금 신고를 안 하는 경우도 있다. 신고납부방식인 세금을 신고를 하지 않으면 정부는 무신고가산세와 납부지연가산세을 더해 납세자에게 납부고지서를 발송하게 된다. 이때 세금의

법정기일은 이 납부고지서를 발송한 날이 된다.

③ 세금 신고는 했는데 기준이 되는 과세표준액을 낮게 신고해 세금을 포탈한 경우에도 정부가 경정해 고지서를 발송하게 된다. 이 세금의 법정기일은 고지서를 발송한 날이 된다.

세금을 체납하면 관계부서는 소유자 명의의 부동산에 압류등기를 한다. 이렇게 조세채권의 압류등기를 하는 이유는 여러 가지가 있다. 조세채권의 소멸시효를 중단시킬 목적이 있고, 이 압류에 의해 공매 처분을 하기 위한 목적도 있으며, 압류선착주의에 의해 같은 순위의 조세채권 중에서 먼저 배분받기 위한 목적도 있다. 이렇듯 압류의 이유는 다양하지만, 조세채권은 등기사항전부증명서상에 적힌 압류일자가 아닌 법정기일이 배분순위의 기준일자가 된다는 것을 잊으면 안 된다.

임차보증금을 물어줘야 한다

선순위 임차인이 배분요구를 했을 때 전액 배분을 받으면 매수인은 인수금액이 없지만, 전액 배분을 받지 못하면 부족한 금액만큼을 인수해야 한다. 앞선 사례의 경우에도 선순위 임차인이 배분요구를 했고, 이에 임차보증금 전액 배분을 예상하고 입찰했지만, 법정기일이 빠른 조세채권에 밀려 임차인이 한 푼도 배분받지 못해 임차보증금 전액을 매수인이 인수해야 하는 사건이었다. 이렇듯, 조세채권의 배분기준일은 압류일자가 아닌 법정기일임을 꼭 기억해야 한다. 그렇다면 이 법정기일이 언제인지는 알 수 있을까? 물론 알 수 있다. '압류재산 공매재산 명세'를 보면 법정기일과 배분요구 채권액이 표기되어 있기 때문이다.

번호	권리관계	성명	압류/설정 (등기)일자	법정기일 (납부기한)	설정금액(원)	배분요구 채권액(원)	배분요구일
4	주소지세무서	파주세무서		2017-08-01 ~ 2020-05-01	0	212,515,250	
5	물건지지방자치단체	파주시청		2017-05-31 ~ 2020-09-10	0	19,388,000	
6	가압류	김■■	2018-11-26		9,262,000	0	배분요구 없음
7	가압류	현대캐피탈 주식회사	2019-09-16		40,927,329	0	배분요구 없음
8	가압류	현대캐피탈 주식회사	2019-09-18		44,902,324	0	배분요구 없음
9	위임기관	파주세무서	2017-06-23	2017-08-01 ~ 2020-05-01	0	210,074,130	2018-08-21

압류재산 공매재산명세에 적힌 법정기일 및 배분요구채권액(예시)

따라서 입찰자는 반드시 압류재산 공매재산명세를 상세히 살펴 선순위 임차인보다 법정기일이 빠른 조세채권 여부 및 금액을 살펴야 한다. 법정기일이 빠른 조세채권이 없다면 다행이지만, 큰 경우라면 임차인에게 배분되는 금원이 한 푼도 없을 수 있어 주의가 요구된다. 만약 해당 주택에 후순위 임차인이 거주 중이라면 크게 상관없다. 법정기일 빠른 조세채권 때문에 임차인의 임차보증금 배분액이 줄어들었어도 매수인이 인수할 사항이 아니기 때문이다. 다만, 명도의 난항은 예상될 수 있으므로 신중히 접근하길 바란다.

도장 한 번 찍어주고 고액을 받은 사연

공매 매각 진행 내역

공매 진행된 상가 외부 및 내부 모습

전북 익산시에 위치한 상가가 공매 진행되었다. 해당 상가는 전용면적이 923㎡(약 280평)에 달할 정도로 꽤 큰 면적을 지닌 곳이었는데, 대상 건물이 속한 3층 전체를 영어학원으로 이용 중이었다. 이곳의 임차인은 대항력이 없어 매수인의 인수사항도 아니었기에 7억 8,000만 원에 낙찰되었다.

입찰시작 일시~입찰마감 일시	개찰일시 / 매각결정일시	최저입찰가
19.09.23 10:00 ~ 19.09.25 17:00	19.09.26 11:00 / 19.09.30 10:00	1,062,000,000
19.09.30 10:00 ~ 19.10.02 17:00	19.10.04 11:00 / 19.10.07 10:00	955,800,000
19.10.07 10:00 ~ 19.10.08 17:00	19.10.10 11:00 / 19.10.14 10:00	849,600,000
19.10.14 10:00 ~ 19.10.16 17:00	19.10.17 11:00 / 19.10.21 10:00	743,400,000

낙찰 : **780,500,000**원 (104.99%)

낙찰 결과 내역

한 가지 흥미로운 사실은, 감정가 10억 원이 넘는 상가를 공매 위임한 기관은 익산시청으로 체납세액은 1,200만 원 정도였다. 그래서였는지 상가 건물을 지키고 싶었던 체납자는 체납세액을 납부하고 공매취소를 시도했다.

번호	권리종류	권리자명	설정일자	설정금액(원)	배분요구일	배분요구채권액(원)
1	근저당권	익산원예농업협동조합	2014-09-24	798,000,000	2019-06-24	648,997,375
2	근저당권	익산원예농업협동조합	2015-09-01	120,000,000	2019-06-24	102,463,590
3	압류	국민건강보험공단 서대문지사	2019-06-11	0	2019-07-25	6,922,040
4	압류	동고양세무서	2016-07-11	0	2019-06-03	272,555,950
5	압류	정선군청	2017-02-06	0	2019-06-17	265,414,690
6	압류	종로세무서	2018-02-26	0	2019-06-04	34,877,550
7	교부청구	덕양구청		0	2019-06-11	52,190
8	교부청구	구로구청(교통행정과)		0	배분요구없음	961,940
9	교부청구	은평구청		0	2019-06-07	6,170
10	교부청구	구로구청		0	2019-08-08	1,831,970
11	교부청구	구로세무서		0	2019-06-04	2,919,070
12	교부청구	익산세무서		0	2019-06-14	4,428,810
13	위임기관	익산시청	2017-11-02	0	2019-05-20	12,386,210
14	교부청구	충주시청		0	2019-09-06	56,330
15	교부청구	익산세무서		0	2019-06-14	4,505,010

등기사항전부증명서 내역(위임기관의 체납액이 크지 않아 이를 납부하면 공매가 취소된다)

이때 체납자의 체납액 납부가 매각결정 전인지, 후인지에 따라 대처가 다르다. 낙찰되었지만 아직 매각결정 전이라면 체납자는 얼마든지 체납액을 납부하고 공매를 취소할 수 있으며, 이때 매수인의 공매보증금은 반환된다. 하지만 최고가 매수신청인에게 매각결정이 난 후라면 체납액을 완납하더라도 매수인 동의 없이는 매각결정을 취소할 수 없다. 따라서 체납자가 공매취소를 하려면 매수인의 동의가 필요한데, 매수인도 쉽게 동의해주진 않을 것이다. 따라서 이런 경우 일정 사례금을 받는 것이 일반적인데, 매수인 입장에서는 낙찰 한 번으로 도장을 찍어주고 수익을 얻는 결과니 마다할 이유가 없을 것이다(물건에 애착이 많은 매수인은 공매취소에 동의를 해주지 않으면 그만이다).

앞선 사례의 경우, 매수인은 일정 금원을 받고 공매취소를 해주었다. 따라서 감정가는 높은데 위임기관의 체납액이 적은 경우, 체납자가 공매취소를 시도할 가능성이 크므로 소정의 금원을 받고 취소 동의를 해줄 수 있는 물건에 접근하는 것도 좋은 방법이다.

지방세징수법 제95조(매각결정의 취소)

① 지방자치단체의 장은 다음 각 호의 어느 하나에 해당하는 경우에는 압류재산의 매각결정을 취소하고 그 사실을 매수인에게 통지해야 한다.
1. 제92조에 따른 매각결정을 한 후 매수인이 매수대금을 납부하기 전에 체납자가 매수인의 동의를 받아 압류와 관련된 체납액을 납부하고 매각결정 취소를 신청하는 경우
2. 제93조에 따라 최고해도 매수인이 매수대금을 지정된 기한까지 납부하지 아니하는 경우

② 제1항 제1호에 해당해 압류재산의 매각결정을 취소하는 경우 공매보증금은 매수인에게 반환하고, 제1항 제2호에 해당해 압류재산의 매각결정을 취소하는 경우 공매보증금은 체납처분비, 압류와 관계되는 지방세·가산금의 순으로 충당하며, 남은 금액은 체납자에게 지급한다.

Part4.
다양한 공매 물건으로 수익을 높이자

공매낙찰 후 철거,
빌라를 신축해 5억 원을 벌다

사람들은 아파트 입찰을 좋아한다. 따라서 아파트 압류재산 공매 매각 시에는 입찰자가 많아 저가에 낙찰받기 어렵다. 대다수 사람들은 쉬워 보이는 물건을 선호하며 조금이라도 어려워 보이는 물건은 입찰을 꺼리는 경향이 있다.

우리는 수익을 내기 위해 공매 투자를 하지, 아파트를 낙찰받기 위해 공매 투자를 하는 것은 아니다. 따라서 아파트 외의 다양한 물건으로 시야를 넓히면 좋다. 이번에 소개할 물건은 다가구주택을 낙찰받아 다세대주택(빌라)으로 신축 분양하면서 높은 수익을 창출한 사례다.

물건용도	주거용건물	감정가	1,154,693,920	최저입찰가	692,817,000
집행기관	한국자산관리공사	담당부서	서울동부지역본부	담 당 자	조세정리3팀 (☎ 1588-****)
위임기관	강남세무서	처분방식	매각	물건상태	낙찰

물건 정보

소재지	서울 성북구 장위동				
재산종류	압류재산(캠코)	물건용도	주거용건물	세부용도	다가구주택
토지면적	288㎡	건물면적	521.5㎡	배분요구종기	0000-00-00

공매 진행 내역

공매 진행된 다가구주택

2015년, 서울 성북구 장위동의 다가구주택이 압류재산 공매가 진행되었다. 해당 다가구주택의 감정가는 약 11억 5,000만 원이었다. 해당 주택에는 모두 여덟 명의 임차인이 거주 중이었는데 최선순위 전세권 5,000만 원은 인수조건, 나머지 임차인은 소액임차인 최우선변제권 또는 우선변제권 등으로 배분되는 임차인들이었다. 초보자가 보기엔 아파트보다 어려워 보이는 다가구주택에 임차인이 여덟 명씩이나 되니 입찰을 꺼렸을 것이다. 하지만 반대로 생각하면 초보자들이 입찰을 꺼리니 경쟁력이 있어 저가 낙찰이 가능한 물건이었다. 해당 물건은 유찰을 거듭하다 약 7억 1,300만 원에 낙찰되었다. 차순위 입찰 가격이 7억 1,100만 원이었으니 매수인의 기쁨이 더욱 컸을 것이다.

입찰시작 일시~입찰마감 일시	개찰일시 / 매각결정일시	최저입찰가
15.03.02 10:00 ~ 15.03.04 17:00	15.03.05 11:00 / 15.03.09 10:00	1,154,694,000
15.03.09 10:00 ~ 15.03.11 17:00	15.03.12 11:00 / 15.03.16 10:00	1,039,225,000
15.03.16 10:00 ~ 15.03.18 17:00	15.03.19 11:00 / 15.03.23 10:00	923,756,000
15.03.23 10:00 ~ 15.03.25 17:00	15.03.26 11:00 / 15.03.30 10:00	808,286,000
15.03.30 10:00 ~ 15.04.01 17:00	15.04.02 11:00 / 15.04.06 10:00	692,817,000

낙찰 : **713,260,000**원 (102.95%)

낙찰 결과 내역

여러분은 이 주택을 보고 어떤 생각이 들었는가? 시세보다 저렴하게 낙찰받았으니 그대로 되팔 생각인가? 아니면 전·월세 등으로 임대를 놓아 임대수익을 얻을 생각인가? 물론 이렇게 수익을 취해도 되지만, 해당 건물의 매수인은 한발 더 나아간 전략을 보여줬다.

대금을 납부하고 명도를 마친 후 해당 다가구주택을 철거, 다세대주택 8세대를 신축한 것이다. 세대당 2억 원 이상에 분양했으니 어림잡아도 분양가는 16억 원이 넘어 건축비를 제외하더라도 4~5억 원의 순이익이 남는다.

신축된 다세대주택(빌라)

아파트 한 채 낙찰받아 수억 원이 되는 차익을 남기긴 어렵다. 게다가 갈수록 경쟁이 심화되어 낙찰가가 올라가 시세에 준하는 가격에 낙찰이 되는 경우도 심심치 않게 일어난다. 하지만 이처럼 아파트에서 조금만 옆으로 눈을 돌리면 수익이 높은 물건은 얼마든지 많다. 그러니 아파트만 보지 말고, 아파트 외의 물건에도 관심을 기울여 여러분의 재테크에 든든한 발판을 마련하길 바란다.

재건축 아파트 공매낙찰, 16억 원의 시세차익 보다

오래된 아파트는 시설이 낡고 불편해 신축아파트에 비해 낙찰가가 낮은 경우가 많다. 그만큼 사람들이 꺼리기 때문이다. 하지만 입지 좋은 곳에 위치한 오래된 아파트가 훗날 재건축이 진행된다면 그 누구보다 더 주목받을 물건으로 탈바꿈할 수 있다. 다만, 그 과정에서 오랜 기다림은 필요하다. 이번에는 서울 강남구 역삼동에 위치한 노후화 아파트가 공매로 등장한 사례를 알아보자.

물건용도	주거용건물	감정가	1,360,000,000	최저입찰가	816,000,000
집행기관	한국자산관리공사	담당부서	조세정리부	담 당 자	공매3팀 (☎ 1588-)
위임기관	강남구청	처분방식	매각	물건상태	낙찰

■ 물건 정보

소재지	서울 강남구 역삼동				
재산종류	압류재산(캠코)	물건용도	주거용건물	세부용도	아파트
토지면적	88.497㎡	건물면적	171.51㎡	배분요구종기	0000-00-00

공매 진행 내역

감정가 13억 6,000만 원의 아파트가 압류재산 공매에 나왔다. 해당 아파트는 전용면적 171㎡(약 52평), 대지권 면적은 88㎡(약 26평)였으며 체납자가 거주하고 있었다. 건축연도가 1979년이어서 공매 진행 당시 34년 된 아파트였는데, 유찰을 거쳐 9억 원에 낙찰되었다. 이때, 입찰자는 두 명이었다.

입찰시작 일시~입찰마감 일시	개찰일시 / 매각결정일시	최저입찰가
13.06.24 10:00 ~ 13.06.26 17:00	13.06.27 11:00 / 13.07.01 10:00	1,360,000,000
13.07.01 10:00 ~ 13.07.03 17:00	13.07.04 11:00 / 13.07.08 10:00	1,224,000,000
13.07.08 10:00 ~ 13.07.10 17:00	13.07.11 11:00 / 13.07.15 10:00	1,088,000,000
13.07.15 10:00 ~ 13.07.17 17:00	13.07.18 11:00 / 13.07.22 10:00	952,000,000
13.07.22 10:00 ~ 13.07.24 17:00	13.07.25 11:00 / 13.07.29 10:00	816,000,000

낙찰 : **900,000,000**원 (110.29%)

낙찰 결과 내역

해당 아파트는 이후 재건축이 추진되어 2022년 4월 입주를 앞두고 있다. 해당 호수는 대지권 면적이 넓어 32평의 입주권을 받더라도 시세는 25억 원에 달한다. 9억 원에 낙찰받아 25억 원 이상이 되었으니 시세차익만 해도 16억 원 이상이다.

익어가는 기다림이 필요하다

노후화된 아파트는 재건축이 확정되기 전까지는 전세가격이 낮아 갭 투자나 단기 시세차익을 노리기 어렵다. 직접 사용하기에도 노후화에 따른 불편함이 존재해 경쟁력이 낮다. 그러므로 서두르지 말고 장기적인 안목으로 투자하길 권한다. 재건축이 확정되면 일반 아파트보다 가격 상승 폭이 가파르게 올라 이때 처분하면 높은 수익을 얻을 수 있다. 또한, 재건축에 따른 분양권을 받아 새 아파트 입주 후 처분해도 좋다.

낡은 10평짜리 빌라로 2,500만 원을 벌다

공매 진행 내역

공매 나온 빌라 외부 및 내부 모습

서울시 노원구에 위치한 다세대주택(빌라)의 한 호실이 공매에 나왔다. 해당 빌라는 전용면적 35㎡(약 10평), 대지권 26㎡(약 7평)의 낡은 빌라였으며 후순위 임차인이 거주 중이었다. 1억 2,600만 원의 감정가에서 60%까지 유찰을 거듭하다 전차가격을 넘는 8,900만 원으로 낙찰되었다.

입찰시작 일시~입찰마감 일시	개찰일시 / 매각결정일시	최저입찰가
14.08.04 10:00 ~ 14.08.06 17:00	14.08.07 11:00 / 14.08.11 10:00	126,000,000
14.08.11 10:00 ~ 14.08.13 17:00	14.08.14 11:00 / 14.08.18 10:00	113,400,000
14.08.18 10:00 ~ 14.08.20 17:00	14.08.21 11:00 / 14.08.25 10:00	100,800,000
14.08.25 10:00 ~ 14.08.27 17:00	14.08.28 11:00 / 14.09.01 10:00	88,200,000
14.09.01 10:00 ~ 14.09.03 17:00	14.09.04 11:00 / 14.09.10 10:00	75,600,000

낙찰 : 89,100,000원 (117.86%)

낙찰 결과 내역

이 물건은 낡은 다세대주택이면서 평수도 작은 면적이라 많은 사람들이 관심을 두지 않았으나 매수인은 6개월 만에 1억 1,600만 원에 팔고 나오면서 2,500만 원의 수익을 실현할 수 있었다. 그 이유는 이곳이 주택재개발사업지구 내 환지예정지로 지정되어 있어 투자자에게 쉽게 팔고 나올 수 있었다. 공매를 통해 싸게 낙찰받은 만큼 주위 시세보다 조금 낮춰 매각해도 충분히 수익이 있었으며, 낮은 가격 덕분에 더 빨리 팔리는 효과가 발생한 것이다. 누누히 이야기하지만 낙찰받지 말아야 할 물건은 없다. 단지 낙찰받지 말아야 할 가격이 있을 뿐이다. 아파트만 바라보면 저가에 낙찰받기 어렵다. 그러니 시야를 넓혀 다양한 물건을 추구해야 한다.

부동산,
꼭 입지를 염두에 두자

앞서 재건축 수익사례, 환지 예정지를 통해 수익을 낸 사례를 말했다. 이처럼 공매 투자를 통해 돈을 벌고 싶은 분에게 꼭 당부하고 싶은 말이 있다.

첫째, 낙찰만이 아닌 수익이 날 수 있는 가격을 적자.
둘째, 가격이 아닌 가치를 보자. 가치에 따라 가격은 얼마든지 변할 수 있다. 미래가치가 있는 물건은 보유 후 매도하고, 미래가치가 없는 물건은 낙찰받지를 말거나, 받더라도 바로 팔고 나오는 전략을 구사해야 한다.

현 시세 대비 입찰가를 적어내고 낙찰받아 파는 전략은 장기적으로 수익을 내기 어렵다. 부동산 가격은 정찰제가 아닌, 살아 움직이는 생물과도 같아 오늘 가격보다 내일 가격이 오를 수도, 떨어질 수도 있다. 더 오를 줄 모르고 서둘러 파는 사람, 더 떨어질 줄 모르고 보유전략을 세우는 사람, 이들은 공매를 아무리 잘해봤자 큰돈을 벌진 못한다.

수도권 아파트 낙찰가율이 95%를 넘었다. 1억 원짜리로 비유하자면 9,500만 원을 써야 낙찰받는다는 말이다. 하지만 훗날 이 주택이 1억 5,000만 원의 가치가 있다면 1억 원에 낙찰받는다 한들 뭐가 문제겠는가? 물론 낙찰 결과를 보고 패찰한 사람들은 높은 낙찰가에 미쳤다고 할 수 있다. 반대로 1억 원짜리를 8,000만 원에 낙찰받았다 한들, 훗날 7,000만 원으로 떨어지면 시세 대비 20%나 싸게 받았음에도 결과적으론 손해를 본 것이다. 당시에는 싸게 받았다고 좋아했을 테지만 말이다.

해당 부동산의 입지가 앞으로 변화할 곳인지, 정체될 곳인지, 떨어질 곳인지를 꼭 염두에 두어야 한다. 앞으로 변화할 곳에 투자하는 게 진정한 부동산 투자다. 공매도 마찬가지다. 현재 시점에서 시세 파악을 해서 낙찰받는 건 요행을 바라는 것이다. 다행히 올라주면 좋지만 떨어지면 그 책임은 본인이 져야 한다. 부동산 경기, 정책, 신문도 보지 않고 오늘의 시세만 보고 부동산에 입찰한다는 생각은 '오늘 해가 쨍쨍하니 내일도 쨍쨍할 거야'라고 속단하는 것과 같다. 공매는 싸게 사려는 수단이다. 하지만 싸게 샀다는 의미는 낙찰을 받을 때가 아닌 매도가 끝나야 비로소 싸게 샀는지, 비싸게 샀는지가 판가름 난다. 그러므로 부동산에 입찰하기 전, 반드시 입지를 염두에 두는 것이 좋다.

일주일 만에 4,600만 원 순수익 낸 유류 낙찰

공매 매각은 부동산뿐만 아니라 동산도 진행된다. 동산의 양도차익에 대해서는 양도소득세가 발생하지 않아 부동산에 비해 실수익이 더 큰 장점이 있으므로 동산의 매각 진행을 유심히 살펴보면 좋다. 공매로 다양한 동산이 매각되지만 그중 특이한 동산 매각 사례가 있어 소개한다.

유류도 매각된다

2003년, 경기 평택시 평택항에 있는 저유탱크에 담긴 유류에 세관의 압류가 진행되었다. 해당 유류는 법인(수입업자)의 소유였는데, 관세를 체납한 결과였다. 저유탱크에 담긴 유류는 오랜 시간 평택항의 저유탱크에 보관되어왔는데, 이 때문에 보관회사도 난처하긴 마찬가지인 상태였다. 미납된 보관료는 받지도 못한 채 저유탱크가 비워지지 않으니 새로운 유류를 보관할 수도 없었기 때문이다. 해당 유류의 압류로 인해 공매 매각이 진행되자 보관회사는 반색했다. 하지만 하나의 걸림돌은 그동안 못 받은 보관료를 매수인이 인수하자니 금액이 너무 커 쉽게 낙찰이 이뤄질 것 같지 않았다. 공매 진행을 해도 낙찰이 되지 않으면 보관회사는 지속해서 유류를 떠안고 있을 수밖에 없어 더욱 문제가 심각해지는 상황이었다. 그러자 보관회사 측에서 미납된 보관료를 포기하겠다는 연락이 와 공매 매각에 더욱 박차를 가하게 되었다.

평택항 저유탱크 모습

저유탱크에 보관 중인 유류는 휘발유, 경유, 등유로 약 34만t이었다. 주유탱크차의 용량이 6.2t인 걸 감안하면 총 55대분에 달하는 양이었다. 참고로 휘발성이 강한 유류는 감모 손실(장부상의 재고량과 실제 재고량의 차이)이 발생할 수 있다. 보관하는 과정 및 외부 온도에 따라 감모 손실이 발생하는 것이다. 따라서 공매 매각 부대조건에 '감모 발생으로 감소된 실제 재고 물량 기준 매각임, 인수 부대비용(탱크세척비, 보관료 등은 제외)은 매수자 부담조건임'을 명시해 매각이 진행되었다. 감정평가금액은 3억 3,300만 원이었는데 유찰을 거듭해 1억 9,980만 원까지 떨어지자 누군가 2억 400만 원으로 단독 입찰, 낙찰되었다. 매수인은 대금 납부 후 일주일 만에 해당 유류를 2억 5,000만 원에 매각해 초단기로 4,600만 원의 차익을 얻었는데 이를 연 수익률로 환산하면 1,175%에 달한다. 동산은 양도소득세도 없어 오롯이 순수익으로 말이다. 유류가 있는 그 상태로 매각을 진행했고, 매수자가 탱크에서 알아서 유류를 운반할 테니 손 안 대고 코 푸는 식이었다.

부동산으로 일주일 만에 4,600만 원의 순수익을 얻기 어려운데, 남들이 기피하는 동산에서 일주일 만에 4,600만 원의 순수익이 나왔다. 그러니 여러분도 동산 공매에도 관심을 갖길 바란다. 이런 상품이 늘 나오는 것은 아니므로 공매매각 물건을 늘 유심히 지켜보는 습관을 들여 좋은 물건이 나왔을 때 입찰할 수 있도록 하자.

골드바 낙찰,
당일에 바로 시세차익을 내다

앞서 특이한 공매 매각 진행으로 유류 매각을 말했는데, 이번에도 단기 투자에 좋은 보석 매각 진행사례가 있어 소개한다.

서울시청에 보관하던 골드바, 순금열쇠, 금목걸이, 금반지 등 보석류에 대해 공매가 진행되었다. 해당 물품은 서울시 38기동대에서 체납자가 보관하던 은행 대여금고를 압류했고, 그 결과 그 안에 있던 보석류가 압류된 것이다. 압류된 보석은 서울시청에서 보관하면서 공매를 진행했다. 해당 물품의 감정가는 약 1,500만 원이었다. 매각 결과 해당 물건에는 최초 매각임에도 총 열두 명의 입찰자가 참가, 1,711만 원에 낙찰되었다.

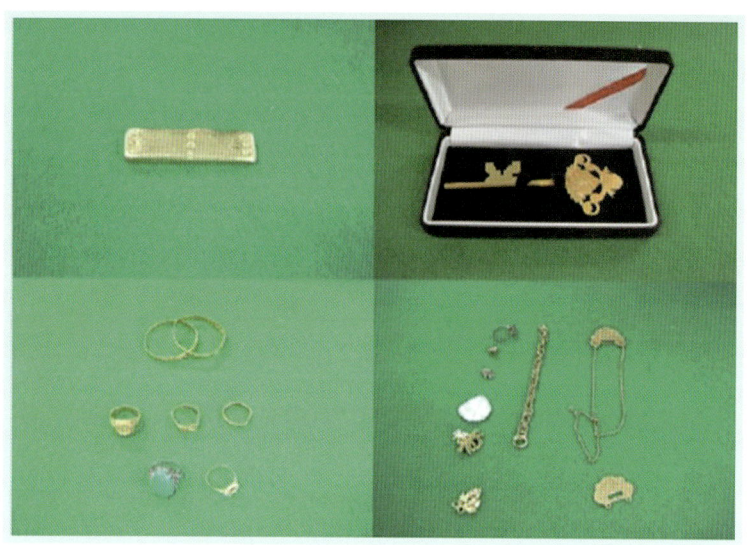

공매 나온 보석 종류

입찰시작 일시~입찰마감 일시	개찰일시 / 매각결정일시	최저입찰가
12.05.14 10:00 ~ 12.05.16 17:00	12.05.17 11:00 / 12.05.21 10:00	15,125,000
	낙찰(매각결정(낙찰자)) : 17,110,000원 (113.12%)	

낙찰 결과 내역

    매수인은 잔금 납부를 하고 당일 대금 납부 증명서를 공매 물건을 보관하고 있던 서울시청에 제출한 후, 물건을 인수한 뒤 즉시 종로5가 보석도매상에 약 1,843만 원에 매각해 당일 132만 원을 벌었다. 이처럼 골드바 등 순금은 시세 파악이 쉬워 입찰 전에 팔 때 시세가 얼마인지 파악한 후 적정 마진을 붙여 입찰하면 된다. 또한, 부동산이나 특정 동산처럼 매수자가 있어야 팔리는 게 아닌 보석상에서 바로 매입을 하니 환금성이 매우 뛰어나다. 더욱이 일반 매매로 금을 사면 10%의 부가가치세가 붙지만, 경·공매를 통해 취득하면 부가가치세가 부과되지 않으니 더욱 저렴하게 살 수 있다.

Part5.

상상하면 수익이 보인다

강남 한복판의 멀쩡한 건물이 반으로 잘린 사연

이 사례는 언론에서도 한때 크게 회자가 되었던 사건으로, 법정지상권이 성립하지 않는 건물이 소재한 대지 2필지 중 1필지를 공매로 낙찰받아 고수익을 낸 사례다.

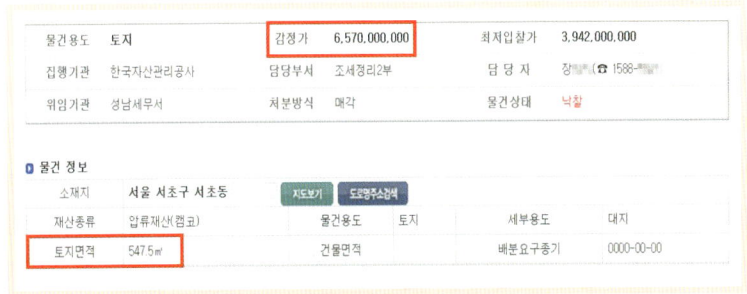

공매 진행 내역

입찰시작 일시~입찰마감 일시	개찰일시 / 매각결정일시	최저입찰가
05.10.11 10:00 ~ 05.10.12 17:00	05.10.13 11:00 / -	6,570,000,000
05.10.18 10:00 ~ 05.10.19 17:00	05.10.20 11:00 / -	5,913,000,000
05.10.25 10:00 ~ 05.10.26 17:00	05.10.27 11:00 / -	5,256,000,000
05.11.01 10:00 ~ 05.11.02 17:00	05.11.03 11:00 / -	4,599,000,000
05.11.08 10:00 ~ 05.11.09 17:00	05.11.10 11:00 / -	3,942,000,000
	낙찰 : 4,610,000,000원 (116.95%)	

낙찰 결과 내역

서울 서초동에 위치한 토지 547.5㎡(약 165평)이 공매재산으로 나왔다. 토지 두 필지 위에 하나의 건물이 존재하고 있었는데, 그중 토지 한 필지만 공매로 나왔다. 즉 공매 대상 토지 위에는 공매에서 제외된 건물이 존재했던 것이다. 대지의 감정가는 65억 7,000만 원이었는데 유찰을 거듭하다 약 46억 원에 단독 낙찰되었다. 그렇다면 이 대지를 낙찰받은 사람은 무슨 연유로 낙찰을 받았으며, 어떤 해결책으로 수익을 추구했는지 알아보자.

공매재산 대지 위에 있던 지상의 건물 모습

이 대지의 내막에는 상속, 법정지상권 이론이 동원된다(법정지상권에 관한 설명은 뒷장에 기술). 먼저 대지와 5층짜리 S건물은 가족 소유였다. S건물은 인접한 두 필지 위에 세워졌는데 한 필지는 둘째, 다른 한 필지는 셋째 소유였다. S건물은 첫째가 대표로 있는 법인 소유였다. 그러던 중, 둘째가 사망하면서 상속인이 상속세를 내지 못하자 국세청은 둘째 소유의 땅을 압류해 공매를 진행했다. 이 대지를 낙찰받은 A법인(공동 투자자들)은 건물주와 협상을 했지만, 이견차가 커서 진전이 되지 않았다. 이에 A법인은 '토지 인도 및 건물철거' 소송을 진행했고, 대법원까지 가는 4년간에 걸친 소송 끝에 A법인이 승소했다.

쟁점은 관습법상 법정지상권의 성립 여부였는데, 공매 시점 전에 건물 소유주와 토지 소유주가 한 번이라도 동일인이 소유했어야 하는데, 이에 부합하지 않아 관습법상 법정지상권이 성립하지 않은 것이다(법정지상권 및 관습법상 법정지상권은 뒷장에 기술함). 해당 건물의 철거 판결을 받은 후에도 건물주와 협상을 진행했을 터인데 그런데도 이견이 좁혀지지 않자 판결문에 의해 공매낙찰받은 대지 위에 있던 건물 절반을 헐면서 도심 한복판에 반쪽짜리 건물이 등장했다.

건물 반절이 헐려 나가 반쪽짜리 건물이 등장했다

형제들은 건물 반이 남았지만 제 기능을 하지 못하는 건 당연했다. 더불어 임차인도 손해를 봤다. 여기엔 은행, 병원, 주점 등이 임차 중이었는데 법원은 대지를 점유 사용할 권한이 없는 만큼 건물을 비워주라고 판결한 것이다. 이후 A법인은 이 대지를 건설사에 126억 원을 받고 팔았다. 낙찰가가 46억 원임을 감안하면 세금 및 각종 비용을 고려하지 않은 단순 계산으로 약 80억 에 가까운 차익을 거둔 것이다. 이 대지를 매수한 건설사는 나머지 반쪽 건물이 있던 필지도 160억 원에 매입해 지하 6층, 지상 15층의 빌딩을 신축했다.

5층 건물이 있던 자리에 지상 15층 빌딩이 들어섰다

애초에 형제들이 관습법상 법정지상권이 성립하지 않은 점을 알고 해당 필지가 공매에 나오기 전에 서둘러 국세를 납부했다면, 건물이 쪼개지는 일은 생기지 않았을 것이다. 결국 그 사이에서 예상치 못한 피해를 본 임차인들, 낙찰을 받고 법의 테두리 안에서 이익을 취한 A법인, 해당 대지를 매입한 후 개발해 가치를 높인 건설사까지 각자의 입장에서 바라보는 모습은 각양각색이다.

법정지상권을 알면 공매 수익이 보인다

법정지상권이란?

우리 민법은 토지와 건물을 각각 별개의 소유권으로 본다. 따라서 본인 소유의 토지 위에 본인의 건축물을 짓는 경우도 있지만, 다른 사람의 토지 위에 건축물을 짓는 경우도 생긴다. 이때 다른 사람의 토지를 점유하기 위해서는 정당한 권원이 있어야 한다. 토지를 임차하든가 지상권이나 전세권을 설정하는 등으로 말이다. 건물 소유주의 이런 권리는 토지 소유자와의 계약으로 인해 생긴다. 그런데 계약이 없더라도 일정한 요건 아래에서 건물 소유자가 그 건물의 소유를 위해 해당 토지를 사용할 권리를 법으로 인정해주는 경우가 있는데, 이를 '법정지상권'이라고 한다. 즉, 이는 소유자가 아니더라도 남의 토지를 법적으로 사용할 수 있는 권리를 말하는 것으로, 민법 제305조, 제366조에서 이를 뒷받침하고 있다.

민법 제305조(건물의 전세권과 법정지상권)

① 대지와 건물이 동일한 소유자에 속한 경우에 건물에 전세권을 설정한 때에는 그 대지 소유권의 특별승계인은 전세권설정자에 대해 지상권을 설정한 것으로 본다. 그러나 지료는 당사자의 청구에 의해 법원이 이를 정한다.

민법 제366조(법정지상권)

저당물의 경매로 인해 토지와 그 지상건물이 다른 소유자에 속한 경우에는 토지 소유자는 건물 소유자에 대해 지상권을 설정한 것으로 본다. 그러나 지료는 당사자의 청구에 의해 법원이 이를 정한다.

민법 제366조 법정지상권 네 가지 성립 요건

1. 저당권 설정 당시부터 건물이 존재해야 한다.
2. 저당권 설정 당시 토지와 건물이 동일인 소유여야 한다.
3. 토지와 건물 어느 하나에 저당권이 설정되어 있거나 양쪽 모두에 저당권이 설정되어 있어야 한다.
4. 토지와 건물 중 하나가 (임의)경매로 소유자가 달라져야 한다.

관습법상 법정지상권이란?

법정지상권은 저당권 또는 전세권의 실행(임의경매)으로 인해 토지와 건물의 소유자가 달라졌을 때, 요건에 맞는 경우 법에서 인정해주는 지상권이다. 이에 반해 관습법상 법정지상권은 관습법(판례)

에서 인정되는 법정지상권을 말한다. 토지와 그 지상의 건물이 동일인에게 속했다가 매매 및 기타 원인으로 각각 그 소유자가 달라진 경우, 그 건물을 철거한다는 특약이 없으면 건물 소유자가 토지를 계속 사용할 수 있도록 하는 것이 당사자의 의사라고 보아 건물 소유자에게 지상권(토지 사용권)이 인정되는데, 이를 관습법상 법정지상권이라 한다. 이는 등기 없이도 당연히 취득하는 지상권이다. 지료 액수는 당사자 간의 합의로 결정하고, 합의가 되지 않으면 법원에 지료청구소송을 해서 결정된다.

> **관습법상 법정지상권 세 가지 성립요건**
>
> 1. 토지와 그 지상의 건물이 동일인의 소유에 속했어야 한다 : 건물로서의 요건을 갖추고 있다면 미등기나 무허가의 건물도 상관없다. 다만 관습법상 법정지상권은 등기가 없어도 성립하지만 처분하기 위해서는 반드시 등기해야 한다.
>
> 2. 토지와 건물의 소유권이 법률상 규정(대표적으로 저당권 실행 경매가 있음)된 것이 아닌 원인으로 각각 소유권이 달라져야 한다 : 관습법상 법정지상권은 저당권이나 전세권 실행이 아닌 그 밖의 다른 사유(매매, 대물변제, 증여, 공유물 분할, 강제경매, 공매 등)로 토지와 건물의 소유권이 각각 달라지는 경우 성립한다.
>
> 3. 당사자 사이에 건물을 철거한다는 특약이 없어야 한다 : 민법 제366조의 법정지상권은 강행규정으로 포기하는 약정은 무효지만, 관습법상 법정지상권은 임의규정으로 미리 포기할 수 있다는 점에서 차이가 있다. 따라서 당사자 사이에 건물을 철거한

> 다는 특약이 있는 경우 관습법상 법정지상권은 인정되지 않는
> 다. 철거 특약은 명시적 합의뿐만 아니라 묵시적 합의에 의해서
> 도 인정된다(건물을 철거하기로 합의했다는 것에 대해서는 이를 주장하
> 는 자가 입증해야 함).

160쪽의 서초동 건물의 경우 두 필지의 대지 위에 건물이 지어져 있었는데, 공매 매각 당시까지 건물의 소유자가 토지 소유자와 동일인인 적이 없어 관습법상 법정지상권이 성립하지 않았다. 또한, 토지주와 건물주가 임대차 관계를 맺은 것도 아니어서 공매낙찰된 해당 대지 위에 건축된 건물 부분은 철거 판결을 받은 것이다.

토지임차권(차지권)을 꼭 살펴보자!

　법정지상권 및 관습법상 법정지상권을 알고 있으면 돈 되는 공매재산을 만날 수 있다. 특히 공매로 처분되는 경우 관습법상 법정지상권이 적용되므로 이를 잘 숙지하고 있으면, 차별화된 물건을 낙찰받아 고수익을 올릴 수 있다. 다만, 토지와 건물의 소유자가 일치하지 않더라도 매번 관습법상 법정지상권이 성립하지 않는 건 아니다.

　생각해보자. 남의 토지 위에 건물을 짓기 위해서는 정당한 권원이 필요하다. 토지에 지상권이나 전세권을 설정하는 식으로 말이다. 또는 토지 임대차계약을 맺고 건물을 신축하는 경우도 있다. 다만 지상권, 전세권은 등기사항전부증명서에 공시되는 것과 달리 토지 임대차계약은 외부로 공시되지 않는다. 정당하게 토지 임대차계약을 맺고 건물을 지었는데, 이후 토지에 압류가 들어와 토지만 공매가 진행된 경우를 보자. 표면적으론 토지와 건물의 소유자가 일치하지 않고, 외부적으로 공시되는 권리도 없다는 이유로 토지 매수인이 건물을 철거하라고 한다면 건물주에게 매우 불합리할 것이다. 따라서 법에서는 건물 소유를 목적으로 하는 토지 임차인을 보호하기 위해 '차지권의 대항력'을 인정하고 있다.

> **민법 제622조(건물등기 있는 차지권의 대항력)**
> ① 건물의 소유를 목적으로 한 토지임대차는 이를 등기하지 아니한 경우에도 임차인이 그 지상건물을 등기한 때에는 제삼자에 대해 임대차의 효력이 생긴다.
> ② 건물이 임대차기간 만료 전에 멸실 또는 후폐한 때에는 전항의 효력을 잃는다.

따라서 법정지상권 및 관습법상 법정지상권의 성립유무를 조사하는 것도 중요하지만, 성립하지 않는다고 해서 성급히 토지를 낙찰받을 게 아니라 건물이 차지권의 대항력이 있는지 알아보는 게 좋다. 건물 소유를 목적으로 한 토지 임대차계약을 했고, 그 후 지상건물을 등기했다면 건물은 보호되기 때문이다.

5억 원 낙찰,
18억 원의 가치가 인정되다

　압류재산뿐만 아니라 국유재산도 임대 또는 매각의 형식으로 공매가 진행된다. 국가 소유의 국유재산 중 일반재산은 국가가 꼭 필요한 재산이 아니어서 일반인에게 공매로 매각하는 경우가 발생한다. 이렇게 나오는 국유재산을 자세히 보면 쏠쏠히 돈 되는 물건인 경우가 상당히 있다.

　2016년 8월, 인천에 소재한 한 섬의 토지 중 일부가 국유재산 공매에 나왔다. 해당 토지는 세 필지를 일괄해 매각이 이뤄졌으며, 토지 면적의 합은 19,761㎡(약 6,000평)이었다. 매각이 진행된 필지는 섬 가장자리 쪽과 안쪽에 위치한 곳이었다.

공매 진행 내역

공매 진행된 섬의 모습(빨간색으로 표시된 부분이 매각 대상 필지임)

    11억 원에 감정된 토지는 유찰을 거쳐 두 명의 입찰자 속에 반 값인 약 5억 5,500만 원에 낙찰되었다. 두 입찰자의 가격 차이가 8,000원에 불과해 차순위자의 아쉬움이 매우 컸던 사건이었다. 게다가 이 토지는 국유재산 공매라서 3년 분할 납부가 가능해 당장 잔금 마련을 하지 않아도 되는 물건이었다.

입찰시작 일시~입찰마감 일시	개찰일시 / 매각결정일시	최저입찰가
16.08.22 10:00 ~ 16.08.24 17:00	16.08.25 10:10 / -	1,108,316,000
16.10.03 10:00 ~ 16.10.05 17:00	16.10.06 10:10 / -	664,990,000
16.10.10 10:00 ~ 16.10.12 17:00	16.10.13 10:10 / -	554,158,000
	낙찰 : **555,008,000**원 (100.15%)	

낙찰 결과 내역

그럼 이 땅의 매수인은 무슨 목적으로 낙찰을 받았을까? 얼핏 보기에 무인도라 활용할 용도가 불확실하고 당장 수익이 발생하지 않는 곳인데 말이다. 매수인은 가치를 창조할 목적으로 이 땅을 낙찰받은 것이다. 실제 이 땅을 낙찰받은 지 2년도 되지 않아 이 섬 전체 면적인 4만여 평을 남이섬과 같은 관광지로 개발하려는 투자자가 토지 매수를 추진했다. 투자자가 제시한 매입가는 평당 30만 원으로, 18억 원에 달한다. 5억 5,500만 원에 낙찰받은 땅을 2년 도 안 되어 18억 원에 팔 기회임에도 매수인은 평당 50만 원(약 30억 원)을 요구하며 거절했다. 매수인의 마음에는 이 땅이 없이는 섬 전체의 개발이 불가능한 점, 해변을 끼고 돌담이 쌓여 있어 담장의 값어치까지 더 부른 점, 협상이 불발되더라도 차후에 본인이 직접 섬을 개발하고 싶은 점 등이 작용했다. 참고로 무인도임에도 돌담이 쌓여있던 까닭은 국유재산이었기에 가능했을 것이다.

이렇듯, 공매는 시세보다 더 저렴하게 부동산을 구입할 수 있을 뿐 아니라, 그 부동산의 가치를 키워 더 큰 수익을 만들어낼 수 있다. 돈 되는 공매 물건은 지금도 많이 나오고 있으니 다양한 물건을 보는 안목을 높여 차별화된 수익을 추구할 수 있길 바란다.

100만 원 차이로
9,000만 원 수익을 놓치다

사람들은 좋은 물건을 낙찰받고 싶은 마음이 크지만, 다른 한 편으론 싸게 낙찰받고 싶어 한다. 여기서 싸다는 의미는 감정가 대비 저렴하게 낙찰받았다는 뜻도 있지만, 더 큰 의미는 2등과 근소한 격차로 낙찰받았을 때 쾌감이 배가 된다. 이는 '아슬아슬하게 이겼다'는 짜릿한 성취감이 뒷받침될 것이다. 하지만 공매에 입찰하는 우리는 다른 입찰자가 가격을 얼마로 쓸지 알 수 없고, 몇 명이 입찰할지도 알 수 없다. 그런데도 사람들은 보이지 않는 경쟁자를 신경 쓰느라 입찰가 산정에 고심한다. 진정한 고수는 2등과의 격차를 신경 쓰는 게 아닌 본인의 수익률을 정해놓고 그 안에서 입찰가를 적는다. 물론 고수도 사람인지라, 개찰결과, 2등과의 격차가 근소했으면 짜릿할 수도 있겠지만, 본질적으로 추구하는 것은 2등과의 격차가 아닌 본인의 수익률이다.

이 장에서는 100만 원 차이로 패찰한 차이가 9,000만 원의 수익을 놓친 결과로 이어진 사례를 소개한다. 이를 통해 본인이 정한 수익률 안에서 소신껏 가격을 적는 게 왜 중요한지 살펴보자.

대지와 건물이 공매에 나오다

공매 진행 내역

공매 나온 대지 및 건물 모습

주변 전경 모습

경기도 파주에 위치한 대지 및 건물이 공매에 나왔다. 해당 대지는 233㎡(약 70평), 건물은 197㎡(약 59평)로 감정평가금액은 약 9,200만 원이었다. 건물은 공부상 사무실이나 주택으로 개조해 임차인이 거주 중이었지만 대항력 없는 임차인이라 크게 문제 될 것은 없었다. 크게 매력적인 물건이 아니다 보니 해당 부동산은 매주 유찰이 되어 어느덧 감정가의 50%인 4,600만 원까지 유찰된 상태였다.

가격이 많이 저감되자 이 물건에 관심을 가진 사람은 필자의 지인이었다. 처음에는 싼 가격에 흥미를 느껴 현장 및 행정관청을 방문해 물건을 조사하게 되었는데, 그 과정에서 놀라운 소식을 들었다. 서울지방국토관리청에서 수로 확장을 위해 해당 대지와 건물을 수용하고 보상할 예정이라는 소식이었다. 감정평가사를 수소문해 알아본 결과, 보상가는 1억 1,000만 원 정도였고, 보상시기는 1년 후 정도가 예상되었다. 지인은 낙찰만 받으면 1년 만에 큰 수익을 올릴 수 있다는 흥분감에 도취되었다. 조사가 끝난 후, 지인은 입찰가격 산정에 고민했다. 어렵게 파악한 고급정보인 만큼 다른 사람은 모를 것으로 판단해 공매예정가격에서 300만 원을 더 쓰는 전략을 취해 4,900만 원에 입찰했다. 하지만 아뿔싸 개찰결과, 해당 물건에는 지인을 포함 두 명이 입찰했고, 낙찰가는 5,011만 원이었다.

지인보다 100여만 원 더 쓴 입찰자가 낙찰의 행운을 안았고 지인은 씁쓸히 패찰했다. 다급해진 지인은 매수인을 수소문해 연락을 취했고, 상대방이 낙찰받은 의중을 떠보니 아직 고급정보를 알지는 못하는 듯(?) 보였다. 낙찰가에 500만 원을 얹어 다시 사겠다는 지인의 제안을 상대방은 거절했다. 그 연유를 물어보니 어차피 감정가보다 싸게 샀으니 장기 보유하는 게 도움이 될 것 같다는 말이었다. 지인은 긴 한숨을 쉬었다. 상대방이 고급정보를 알고 있으면서도 모르는 척하는 것인지, 진짜 모르는 것인지 가늠할 수 없으나, 어쨌든 팔지 않겠다는 의중은 확실히 파악했다.

훗날, 이 땅과 건물은 5년 후 보상이 이뤄졌다. 당초 예상보다 보상절차가 늦어지긴 했지만, 보상가액은 1억 4,000만 원으로 매수인은 9,000여만 원의 수익을 실현할 수 있었다. 반대로 지인은 100만 원 차이로 패찰하면서 9,000여만 원의 수익을 놓친 결과가 되었다.

입찰시작 일시~입찰마감 일시	개찰일시 / 매각결정일시	최저입찰가
04.07.19 10:00 ~ 04.07.21 11:00	04.07.21 11:30 / -	92,966,000
04.07.26 10:00 ~ 04.07.28 11:00	04.07.28 11:30 / -	83,670,000
04.08.02 10:00 ~ 04.08.04 11:00	04.08.04 11:30 / -	74,373,000
04.08.09 10:00 ~ 04.08.11 11:00	04.08.11 11:30 / -	65,077,000
04.08.16 10:00 ~ 04.08.18 11:00	04.08.18 11:30 / -	55,780,000
04.08.23 10:00 ~ 04.08.25 11:00	04.08.25 11:30 / -	46,483,000
	낙찰 : 50,110,000원 (107.8%)	

낙찰 결과 내역

꾸준히 검색해야
좋은 물건을 만난다

공매 물건검색은 꾸준히 이뤄져야 한다. 밥 한 번 배부르게 먹었다고 며칠 굶지 않듯, 물건검색도 어느 날 하루 많이 했다고 쉬었다 드문드문 검색하는 것은 바람직하지 않다. 그사이 좋은 물건을 지나칠 수 있기 때문이다.

물건용도	토지		감정가	178,100,000	최저입찰가	89,050,000
집행기관	한국자산관리공사	담당부서	경기지역본부		담 당 자	조세정리2팀 (☎ 1588-■■■■)
위임기관	평택세무서	처분방식	매각		물건상태	낙찰

물건 정보

소재지	경기도 안성시 미양면	지도보기	도로명주소검색		
재산종류	압류재산(캠코)		물건용도	토지	세부용도	대지
토지면적	685		건물면적	0	배분요구종기	2019-09-02

공매 진행 내역

한 사례를 보자. 경기도 안성시에 위치한 대지 685㎡(약 207평)가 압류재산 공매 진행되었다. 지상에는 낡은 건물이 존재했는데 법정지상권이 성립하는 건물로서 매각에서 제외된 건물이었다. 대지의 감정가는 1억 7,800만 원이고 유찰이 지속되다가 1억 1,280만 원에 낙찰되었다.

공매 진행된 대지(지상에 매각 제외되는 낡은 건물이 존재함)

입찰시작일시 ~ 입찰마감일시	개찰일시	최저가	결과 (응찰자 수)
2019.09.16 (10:00) 2019.09.18 (17:00)	2019.09.19 (11:00)	178,100,000 (100%) -	유찰
2019.09.23 (10:00) 2019.09.25 (17:00)	2019.09.26 (11:00)	160,290,000 (90%) -	유찰
2019.09.30 (10:00) 2019.10.02 (17:00)	2019.10.04 (11:00)	142,480,000 (80%) -	유찰
2019.10.07 (10:00) 2019.10.08 (17:00)	2019.10.10 (11:00)	124,670,000 (70%) -	유찰
2019.10.14 (10:00) 2019.10.16 (17:00)	2019.10.17 (11:00)	106,860,000 (60%) -	유찰
2019.10.21 (10:00) 2019.10.23 (17:00)	2019.10.24 (11:00)	89,050,000 (50%) -	유찰
2019.12.16 (10:00) 2019.12.18 (17:00)	2019.12.19 (11:00)	89,050,000 (50%) 112,800,000원	낙찰

낙찰 결과 내역

해당 물건은 법정지상권이 성립하기에 당장 건물의 철거를 명할 수는 없지만, 해당 대지를 사용하고 있으므로 지료청구가 가능하다. 지료는 낙찰받은 금액이 아닌 대지의 감정평가금액이 기준이 되며, 지료 산출 이자율은 보통 주택은 연 3~4%, 상가는 연 5~7% 선에서 이뤄진다. 따라서 50%까지 유찰되었을 때 낙찰을 받으면 싸게 산만큼 지료 수익률은 연 10% 이상에 달할 수 있다.

또한, 지료를 연체하면 매수인은 지상권 소멸청구를 할 수 있고, 이에 따라 해당 건물은 법정지상권이 성립하지 않게 되어 철거가 가능해진다. 이때 지료는 2년 이상 연체하면 지상권 소멸청구가 가능하지만, 2년의 연체까지 시일이 오래 걸리므로 사용료 청구를 하는 게 빠르다. 지상의 건물이 매우 낡은 만큼 사용료를 납부하기가 어려운 경우, 협의를 통해 지상 건물을 싸게 매입할 수도 있을 것이다. 그 후 건물을 철거하거나 건물과 대지를 함께 매매하는 등의 방법으로 높은 이익을 실현할 수 있다.

이런 이유에서 이 물건은 매우 매력적인 물건이다. 그래서인지 매수인도 전차가격을 넘는 가격을 적어 낙찰을 받았다. 다만, 아쉬운 점은 전차에 입찰, 공매예정가격 근처에서 입찰가를 적었으면 더 낮은 금액으로 낙찰받을 수 있었을 것이다. 사람들은 미리미리 물건을 검색한 후 적정한 가격까지 유찰되길 기다리는 게 아닌, 이미 많이 유찰된 다음에야 물건을 보는 경우가 많다. 아마도 물건 검색 방법을 '유찰횟수순'으로 검색하는 경우가 많기 때문일 것이다. 하지만 이미 유찰이 많이 된 뒤에는 보는 사람들 눈이 많아지고, 뒤늦게 봤다는 생각에 어떻게든 낙찰받고자 전차가격보다 더 높이 적는 경우가 발생한다. 물론 그래도 손해가 아니기에 그렇게 적을 수 있었을 테지만, 평소 꾸준히 물건을 검색하는 습관이 있었다면 물건을 먼저 발견할 수 있었을 터, 적정 시점에 입찰할 수 있었을 테니 경쟁자가 적어 좋은 가격에 낙찰받을 확률이 더 높아진다.

따라서 평소 꾸준히 물건을 검색하는 습관이 중요하다. 늘 밥을 먹듯, 일정 시간을 정해 물건검색에 시간을 할애하면 더 높은 수익을 추구할 수 있다. 일찍 일어나는 새가 먹이를 잡는 법이다.

> **TIP** **입찰가 산정하는 법**

일반적으로 여러 번 유찰된 경우, 낙찰 예상가는 전회차가격과 금회차가격의 중간가격 이상이어야 하고, 확실히 낙찰받고자 한다면 전회차가격에 가깝게 입찰해야 한다(심지어 전회차가격 이상으로 낙찰되는 경우도 상당히 발생함). 앞서 100만 원 차이로 9,000만 원의 수익을 놓친 파주의 대지 및 건물 매각사례의 경우, 전회차가격이 약 5,500만 원이었고, 금회차가격이 4,600만 원이므로 이 중간가격은 약 5,100만 원이 된다. 따라서 이 금액으로 입찰했다면 낙찰받을 수 있었을 것이다.

부동산,
상상력을 발휘하자

진정한 투자란 가치를 만들어가는 것이다. 상상하기에 따라 가치가 달라 보이기 때문이다. 토지가 최소 50평은 되어야 건축을 할 수 있고 거래도 가능하다고 알고 있지만, 반드시 그런 것은 아니다. 10평 미만의 자투리 토지들도 경우에 따라서 훌륭한 투자 물건이 될 수 있기 때문이다. 건물도 마찬가지다. 같은 건물이라도 어느 주인을 만나는가에 따라 1,000만 원의 가치가 될 수 있고, 1억 원 이상의 가치로 바뀔 수도 있다. 단순 정보와 데이터 수치 등의 틀에 갇힌 방식의 부동산 투자는 한계가 있다. 틀에 갇힌 사고는 약간의 오차만 발생해도 불안해한다. 틀을 벗어나 상상력을 발휘하면 훨씬 멋진 투자를 할 수 있다.

나는 역발상이 곧 성공의 길이라 생각한다. '역발상'이란 단어는 너무도 흔하고 주위에서 많이 듣기도 하지만, 이를 실천에 옮기는 사람은 많지 않다. 인생을 살다 보면 늘 기회가 다가왔다 사라진다. 어찌 보면 위기라는 이름으로 다가오는 게 기회인지도 모른다. 고수는 위기 때 회심의 미소를 짓는다고 하지 않는가. 투자에서 중요한 건 두려움과 욕심을 적절히 조절하는 것이다. 두려움과 욕심은 어떤 방식으로 투자를 하건 초보 투자가와 투자 대가를 구분 짓는 기준이 된다.

주식이 오르면 따라서 사고, 내리면 따라서 팔고,
부동산이 오르면 따라서 사고, 내리면 따라서 판다.

가격이 내릴 때 사서 오를 때 팔아야 한다는 간단한 이치를 누구나 알고 있지만 이를 실행에 옮길 수 있는 이는 많지 않다. 군중 속에 속해야 마음이 편한 사람들, '군중심리'는 어찌 보면 당연한 인간의 본능이다. 동물과 마찬가지로 생존을 위해 인간도 집단행동을 한다. 인간은 사회적 관계를 맺음으로써 위험을 피하거나 도움을 얻을 수 있기 때문이다. 인간은 자신의 행동이 옳은 것인지 판단할 때 타인을 참조한다. 이런 판단을 하는 데 다수의 선택은 개인의 선택보다 더 타당한 것으로 여겨져 여러 사람들이 모인 집단 내에서 개인적 특성이 소멸되고 사람들이 쉽게 동질화되는 심리 현상이 발생한다. 따라서 군중심리를 극복하고 나만의 길을 개척해야 진정한 수익이 보일 것이다.

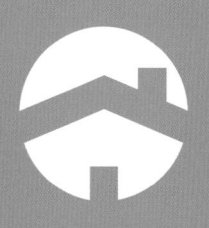

Part6.

도로 낙찰, 이렇게 수익 낸다

1,000만 원짜리 도로 낙찰, 두 달 후 2,600만 원 보상받다

공매 진행 내역

경기도 양평에 위치한 도로가 공매에 나왔다. 도로는 서울~양평 간 6번 국도로 이용 중인 곳으로 해당 필지의 면적은 53㎡(약 16평)이었으며, 지목은 '답'이었다. 감정가는 약 1,100만 원인데 1회 유찰되어 공매예정가격이 약 990만 원에 형성되어 있을 때 필자의 지인이 약 1,000만 원으로 입찰, 경쟁자 한 명을 제치고 낙찰받았다.

입찰시작 일시~입찰마감 일시	개찰일시 / 매각결정일시	최저입찰가
11.09.05 10:00 ~ 11.09.07 17:00	11.09.08 11:00 / 11.09.09 14:00	11,024,000
11.09.19 10:00 ~ 11.09.21 17:00	11.09.22 11:00 / 11.09.23 14:00	9,922,000
낙찰(매각결정(낙찰자)) : **10,167,000**원 (102.47%)		

낙찰 결과 내역

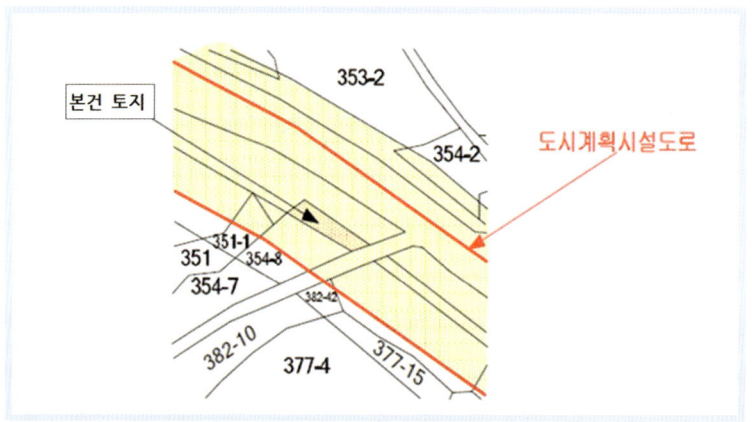

해당 필지 지적도

해당 필지의 모습(도로로 사용 중이다)

지인이 이 땅을 낙찰받은 이유는 미보상 도로였기 때문이다(미보상 도로에 관한 설명은 뒷장에 기술함). 낙찰받은 후 국토관리청에 청구, 60일 후 약 2,600만 원을 보상받아 짧은 기간 안에 큰 수익을 실현한 경우다. 아마 이 물건이 대중이 좋아하는 아파트였다면 다수의 경쟁자 속에 1,000만 원에 낙찰받지도, 이처럼 짧은 기간에 큰 수익을 실현할 수도 없었을 것이다. 그러니 남들이 다 하는 아파트나 주택보다는 이처럼 남들과 다른 물건을 찾아보면 얼마든지 수익을 낼 물건들이 많다.

돈 되는 미보상 도로 투자법

　미보상 도로(실무에서는 일반적으로 '미불용지'라 칭함)란 종전에 시행된 공공사업의 부지로서 보상금이 지급되지 않은 도로를 말한다. 원칙적으로 공공사업에 편입된 도로는 사업시행 이전에 보상이 완료되는데, 여러 가지 원인으로 보상금을 지급하지 않은 채 사유재산을 공익사업에 사용하고 있는 경우다. 이런 미보상 도로를 공매로 낙찰받으면 수익성이 높은데, 다만 무턱대고 덤비는 것은 위험하다. 미보상 도로인 것처럼 보여도 미보상 도로가 아닌 도로도 많기 때문이다. 그렇다면 이 장에서는 미보상 도로를 낙찰받을 때 주의할 점은 무엇인지, 보상가 산정은 어떤 기준인지, 유사한 미보상 도로는 어떻게 가려내야 하는지 알아보자.

　공매 나온 물건이 도로 부지 안에 있는 토지라고 가정해보자. 해당 물건은 개인 명의로서 국세 등 체납으로 공매에 나왔는데, 낙찰받은 후 잔금을 내면 본인 토지가 되었으니 도로를 막을 수 있을까? 이미 공익사업으로 조성된 부지이므로 그럴 수 없다. 그렇다면 막지도 못하는 도로를 낙찰받아 어떤 이익을 취할 수 있을까?

진정한 미보상 도로가 맞다면, 큰 이익을 취할 수 있다. 바로 감정평가의 차익이다. 공매의 감정평가사는 인근 유사비교사례를 적용해 인접 대지와 비교해 감정하는데, 인접 대지가 일반적으로 도시계획시설 예정부지에 속하면 개발행위를 할 수 없으니 일반 대지에 비해 30%로 정도 감가를 한다. 하지만, 이미 도로로 사용하고 있는 상태는 일반 대지의 1/3 수준인 30~40%로 감정을 한다(사도법상 사도는 1/5로 감가되는 경우가 많다). 감정평가 원칙상 도로는 이렇게 감가가 이뤄지는데, 그 이유는 도로의 효능 때문이다. 도로에 접한 땅은 도로 덕분에 일반 대지보다 감정평가가 높게 되는데, 이렇게 접한 토지의 감정평가 금액을 올린 효과가 있어 상대적으로 기여를 다한 도로는 감가가 이뤄지는 것이다.

이처럼 현재 도로로 사용하고 있어 일반 토지의 1/3 수준인 30~40% 내외로 감정이 이뤄져서 공매에 나왔을 때, 이를 신건에 낙찰받아도 보상 금액은 일반 토지에 준하게 받으니 낙찰받자마자 2.5배 이상의 이익이 발생한다. 게다가 50% 유찰된 금액에 낙찰받았다면, 인근 토지 시세의 15~20% 수준에 낙찰받은 효과이니 수익은 더욱 크게 발생한다. 이것이 바로 미보상 도로의 투자법이다.

TIP 미보상 도로 수익 내는 법

미보상 도로를 낙찰받은 후, 소유권 이전을 하면 도로를 막을 수는 없지만 남의 땅을 도로로 쓰고 있으니 지료를 달라고 청구할 수 있다. 국도라면 국도관리청에, 지방도라면 해당 지자체장을 상대로 부당이득반환소송을 해서 지료청구가 가능한 것이다. 승소해 지료청구가 진행되면 해당 지자체는 일정 지료를 매년 지급하게 되는데, 관할부서에서는 매년 예산을 책정해야 하는 번거로움에 보통 1~2년이 지나면 보상해 수용하는 경우가 많다(지자체 예산 여유가 있는 경우 바로 수용하기도 한다). 이때 보상금 산정은 도로 기준이 아닌 도로가 아닌 상태로 보상을 한다.

보상하지 않은 채 도시계획시설(도로, 공원, 학교 등)로 사용하고 있다면 그 시설이 없는 상태로 보아 보상을 해야 하므로 해당 공익사업으로 수용 직전 이용 상태를 고려한다. 직전 지목이 '전'이면 '전'을 기준으로, '대'였으면 '대'를 기준으로 보상한다. 지정 당시 공시지가를 기준으로 그 공시기준일부터 가격 시점까지의 지가변동률, 생산자 물가상승률과 그 밖에 그 토지의 위치·형상·이용상황 등을 고려해 평가하므로 주변 경제적 가치를 따져 보상한다.

가짜 미보상 도로 구분하는 법

앞서 도로를 낙찰받아 인근 토지 시세에 준하는 금액으로 보상받는 미보상 도로 투자법을 말했다. 다만, 두 가지 주의점이 있다.

첫째, 미보상 도로는 대출이 안 되는 경우가 많아 전액 자기자본을 투입해야 하니 자금 계획에 차질이 없어야 한다.

둘째, 미보상 도로가 아님에도 착각해 잘못 낙찰받는 경우다. 해당 필지 도로 소유자의 이름이 체납자여서 압류재산 공매로 나오는 경우, 입찰자는 도로 소유자의 이름이 개인명의란 이유로 미보상 도로로 착각하는 경우가 많다. 하지만 미보상 도로는 단순히 소유자의 명의로 판단하는 것이 아니다. 현재의 보상절차는 소유권 이전이 완료된 후 보상금이 지급되므로 등기명의에 차질이 생기는 경우가 적다. 하지만 수십 년 전, 해당 도로가 개설될 당시에는 보상금이 먼저 지급되고, 그 즉시 소유권이전등기 서류를 넘기는 방식이었다. 이래도 문제가 발생하지 않는 이유는 수용(공용징수)은 민법 제187조 법률규정에 의해 등기를 하지 않아도 대금을 지급한 시점에 소유권이 이전된 효과가 나타나기 때문이다.

> **민법 제187조(등기를 요하지 아니하는 부동산물권취득)**
> 상속, 공용징수, 판결, 경매 기타 법률의 규정에 의한 부동산에 관한 물권의 취득은 등기를 요하지 아니한다. 그러나 등기를 하지 아니하면 이를 처분하지 못한다.

따라서 실제 보상금이 지급되지 않은 채 도로가 개설된 경우는 진짜 미보상 도로지만, 보상금이 지급되었는데 단지 등기 이전만 되지 않은 경우는 미보상 도로가 아니다. 이런 도로를 낙찰받아 부당이득반환청구소송을 진행했을 때, 해당 지자체에서 과거 보상이 완료되었음을 증명하는 영수증을 제시하는 순간 패소하므로 주의해야 한다. 그러므로 낙찰받기 전, 체납자 명의의 도로만 보고 입찰하지 말고 면밀히 조사해 과거 보상이 실제 이뤄졌는지 유무를 살펴야 한다.

셋째, 도로가 배타적 사용·수익권 포기 이론이 적용되는 경우에는 부당이득반환청구가 부인될 수 있어 주의해야 한다(대법원 2016다264556 전원합의체 판결). 예를 들면 토지 소유자가 자기 소유의 토지를 일반 공중을 위한 용도로 제공한 경우에는 그 토지에 대한 소유자의 독점적이고 배타적인 사용·수익권의 행사가 제한된다는 것이 최근 대법원 합의체 판결이다.

대법원 2019. 1. 24. 선고 2016다264556 전원합의체 판결

(가) 대법원 판례를 통해 토지 소유자 스스로 그 소유의 토지를 일반 공중을 위한 용도로 제공한 경우에 그 토지에 대한 소유자의 독점적이고 배타적인 사용·수익권의 행사가 제한되는 법리가 확립되었고, 대법원은 그러한 법률 관계에 관해 판시하기 위해 '사용·수익권의 포기', '배타적 사용·수익권의 포기', '독점적·배타적인 사용·수익권의 포기', '무상으로 통행할 권한의 부여' 등의 표현을 사용해왔다.

(나) 토지 소유자가 그 소유의 토지를 도로, 수도시설의 매설 부지 등 일반 공중을 위한 용도로 제공한 경우에, 소유자가 그 토지에 대한 독점적·배타적인 사용·수익권을 포기한 것으로 볼 수 있다면, 타인[사인(사인)뿐만 아니라 국가, 지방자치단체도 이에 해당할 수 있다. 이하 같다]이 그 토지를 점유·사용하고 있다 하더라도 특별한 사정이 없는 한 그로 인해 토지 소유자에게 어떤 손해가 생긴다고 볼 수 없으므로, 토지 소유자는 그 타인을 상대로 부당이득반환을 청구할 수 없고, 토지의 인도 등을 구할 수도 없다.

법면 낙찰,
20일 만에 3,700만 원 벌다

거리를 지나다 보면 법면을 보게 되는데, 이런 법면이 공매에 등장할 경우 낙찰을 받아야 할까? 받지 말아야 할까? 해답을 얻기 위해선 우선 법면이 무엇인지, 어느 경우에 낙찰을 받으면 수익이 높을지 알아보자.

법면이란, 건설하는 과정에서 흙을 쌓거나 깎아내어 형성된 경사면을 말한다. 토지를 고르고 평평한 곳도 있지만, 높낮이가 있는 토지도 많다. 이런 곳에 전원주택, 공장, 도로 등 일정 건축행위를 하려면 토지를 깎아 꺼진 곳은 채우고, 높은 곳은 낮추는 등의 작업이 필요하다. 이 과정에서 법면이 만들어지는데, 이 법면에 해당되는 필지가 공매에 나오는 경우가 있다.

법면의 모습(예시)

공장용지 법면이 공매에 나오다

공매 진행 내역

경기도 여주시에 위치한 공장용지 567㎡(약 171평)가 공매에 나왔다. 해당 필지는 지방도로와 붙어 있는 공장용지의 법면이었다. 감정가는 약 1억 3,800만 원이었고 40% 저감된 약 8,300만 원에 공매 예정가격이 형성되어 있었다. 법면인 탓에 경사가 심해 낙찰받아도 사용가치가 희박해 투자 가치가 없어 보였지만, 해당 필지에 입찰한 사람은 세 명이었고 그중 약 9,300만 원에 낙찰되었다.

공매 나온 공장용지 법면 모습

입찰시작 일시~입찰마감 일시	개찰일시 / 매각결정일시	최저입찰가
12.07.09 10:00 ~ 12.07.11 17:00	12.07.12 11:00 / 12.07.16 10:00	138,348,000
12.07.16 10:00 ~ 12.07.18 17:00	12.07.19 11:00 / 12.07.23 10:00	124,514,000
12.07.23 10:00 ~ 12.07.25 17:00	12.07.26 11:00 / 12.07.30 10:00	110,679,000
12.07.30 10:00 ~ 12.08.01 17:00	12.08.02 11:00 / 12.08.06 10:00	96,844,000
12.08.06 10:00 ~ 12.08.08 17:00	12.08.09 11:00 / 12.08.13 10:00	83,009,000
	낙찰(매각결정(낙찰자)) : **93,667,000**원 (112.84%)	

낙찰 결과 내역

    그렇다면 아무짝에도 쓸모없어 보이는 법면을 낙찰받은 이유는 뭘까? 그 이유는 바로 도로 확장 때문이었다. 해당 법면은 2차선 도로 옆에 붙은 곳이었는데, 당시 이 도로를 4차선으로 확장하는 계획이 있던 곳이었다. 따라서 해당 땅을 낙찰받으면 수용이 예상되었던 곳이라 50%까지 유찰된 가격에 낙찰받은 것이다. 물론 이는 입찰 전에 해당 부지가 도로 부지에 포함되는지 여부, 보상 감정가는 얼마일지 여부 등을 알아본 후 입찰에 참여한 결과다. 해당 필지는 낙찰받은 지 60일(잔금 납부 후로는 21일) 만에 약 1억 3,500만 원에 보상이 이뤄지며, 단기간에 3,700만 원의 수익을 올린 사례다. 따라서 이처럼 쓸모없어 보이는 법면일지라도 개발계획 및 도로 확장계획의 여부를 조사해 입찰에 참여하면 큰 도움이 될 것이다.

이후 도로가 확장된 모습

긍정적인 생각이 부자를 만든다

앞서 여러 가지 도로 보상에 관한 사례를 살펴보았다. 이를 보고 좋은 사례로 참고삼아 이런 물건을 찾아 도전하는 사람도 있고, '뭐, 다 지나간 물건 아닌가?'라며 냉소적인 사람도 있을 것이다. 판단이야 자유지만 투자를 시작하는 여러분들은 긍정적인 마인드로 다가서길 바란다.

'성공하는 사람들은 긍정적이다'라는 말을 들어봤을 것이다. 반대로 '성공하는 사람들은 부정적이다'라는 말은 별로 듣질 못했을 것이다. 주위에서 많은 사례들을 보니 과연 이 말이 딱 맞는다. 여러분이 부동산을 사서 돈을 벌지, 벌지 못할지는 이미 정해져 있다. 바로 여러분의 생각대로 이뤄지는 게 부동산이기 때문이다. 부동산을 산 후 '이 부동산이 잘될 거야'라고 생각하는 사람이 있는 반면, '안 되면 어떡하지?'라고 생각하는 사람이 있다. 부동산을 사놓고 걱정으로 이어진 것이다. 투자해놓고 기쁨이 아닌 걱정이 온다면 스스로를 경계해야 한다.

'잘되면 내 탓, 안 되면 네 탓'이란 말이 있다. 이는 부정적인 사람들의 대표적인 마인드다. 가까이는 가족부터 멀리는 조상 탓까지 '탓, 탓, 탓'이 끝도 없다. 부정적인 마인드를 스스로 버리지 못하면, 본인은 성장하지 못한다. 모든 결과를 남 탓으로 돌리면 자신은 고칠 게 없기 때문이다.

사놓고 끊임없이 의심하는 사람들

어느 날, 한 분이 걱정이 많다며 필자를 찾아왔다. 토지 수용을 기대하며 토지를 사놓고 위에 조그만 공장을 지었는데, 수용이 안 되면 어떡하느냐며 걱정이 많다며 온 것이다. 해당 토지는 이미 수용이 기정사실화되어 공표까지 된 곳임에도 걱정하고 있던 것이다. 지인은 나를 찾아오기 전에도 이미 여러 명의 공무원까지 만나고 왔다. 관공서에 하도 자주 나타나서 블랙리스트라는 소문까지 돌 정도였으니 말이다. 수용을 100% 확신하냐고 어찌나 많이 물었는지 지친 공무원이 "국가정책이란 게 만에 하나 안 될 수도 있지요"라고 말하자 기름에 불을 붙인 듯, 부정적인 마인드가 더욱 확 살아 올라왔다.

그 후, 이분은 불안에 떨다가 싼 가격에 매도했다.

반면 이 토지를 매입하신 분은 앞선 매도자와 생각이 정반대였다. '수용되어도 좋고, 안 되어도 좋다'는 생각이었다. 어차피 싼 가격에 매입했으니 수용이 안 되어도 손해가 아니며, 수용되면 보상을 받으면 된다는 생각이었다. 이런 생각이니 느긋하게 기다릴 수 있었고, 2년 후 해당 토지는 매입한 가격의 두 배 가까운 가격으로 수용되어 짧은 시간에 수익을 볼 수 있었다.

자, 어떤가? 같은 상황이지만 누구는 극심한 스트레스만 받다가 매도했고, 다른 누구는 느긋하게 기다리다 수익을 맛보고 나왔다. 부동산은 변한 게 없었다. 단지 본인의 생각 차이였다. 똑같은 부동산임에도 생각에 따라 고통으로 다가올 수도, 미래를 꿈꿔줄 행복으로 다가올 수도 있다. 이러고도 남 탓을 할 것인가? "그때 내가 판다고 할 때 어떻게든 말렸어야지" 하고 탓할 것인가? 핑계만 가득하고 남 탓하는 사람은 성장할 수 없다.

Part7.

소액으로 건물주 되는 방법

여러분도
건물주가 될 수 있다

'조물주 위에 건물주가 있다'는 말이 있다. 고연봉 대기업 직원보다 가늘고(?) 길게 가는 공무원이 취준생들의 워너비가 된 지 오래다. 밥벌이의 지겨움도, 회사생활의 스트레스도 없이 매달 통장에 꼬박꼬박 찍히는 임대수입을 실현하려는 사람들, 월급 빼고 다 올라 한시도 돈에 대한 걱정을 놓을 수 없는 현실에서 건물주란 명함은 조물주보다 더 탐나는 것이 아닐 수 없다. 요즘 초등학생들의 장래희망도 과학자나 선생님이 아닌 '건물주'라고 한다.

번듯한 내 건물에서 마음 편히 장사하고 싶은 게 상가임차인들의 소원이다. 하지만 건물을 사려면 큰돈이 들어간다는 생각에 엄두를 못 내는 경우가 많다. 하지만 과연 그럴까? 돈이 많아야 건물주가 된다고 생각하지만 실제로는 소액으로도 얼마든지 건물주가 될 수 있다.

상권이 뜨면 임차인은 불안하다

사업을 하려는 분들은 공·경매를 배워두면 아주 유용하다. 초기 비용을 제외해도 내 집에서 장사하는 것만큼 맘 편한 일도 없기 때문이다. 핫플레이스로 개발되기 이전에 저렴한 임대료로 운영하고 있었던 임차인들이 상권이 변화하고 유동인구가 늘어나자 건물주의 임대료 상승 요구를 감당할 수 없어 떠밀려나는 현상을 젠트리피케이션(gentrification)이라 한다. 서울 홍대, 성수동, 경리단길, 가로수길, 연남동 외에도 각 지역에서 심심치 않게 발생하고 있다. 뉴스에서 종종 보도되듯, 임차인이 본격적으로 자리 잡고 장사 좀 하려고 하면 등장하는 임대인의 통고는 임차인의 가슴을 멍들게 하기 충분하다.

내 건물에서 장사하는 것이 제일 속 편하다

점포계약 시 보통 1~2년 계약을 하고, 그 뒤 그 계약을 계속 갱신해나가는 것이 일반적인 상가건물임대차의 모습이다. 상가건물임대차보호법은 그러한 임대차의 갱신을 최대 10년까지 보장해주고 있다. 하지만 임차인의 불안을 잠재우기엔 역부족이다. 그 이유는 건물주가 임대차계약 후 10년이 초과한 임차인의 계약 갱신 요구는 받아들이지 않아도 되기 때문이다. 누구 할 것 없이 불경기라고 하는 판국에 10년이나 버틴 상가는 장사가 잘되는 상가임이 틀림없을 것이다.

또한, 10년의 기간 보장에도 예외조건이 있다. 임대차계약 체결 당시 공사시기 및 소요기간 등을 포함한 철거 또는 재건축 계획을 임차인에게 구체적으로 고지하고 그 계획에 따르는 경우, 또는 임차인의 연체차임액 합계가 3기 차임액에 해당되는 경우, 계약 해지를 요구할 수 있다. 이런 규정을 악용해 월세 연체를 유도하는 임대인의 행태가 종종 나타나곤 한다. 기존에 월세를 납입하던 계좌를 폐쇄하고, 새 계좌를 알려주지 않은 채 연락을 받지 않는 방법으로 월세를 연체하게 만드는 것이다. 임차인을 상대로 건물을 명도해달라고 법원에 소송을 내는 근거를 만들기 위해 월세 납부를 회피하는 것이다.

임대인이 고의로 월세를 받지 않을 경우, 임차인은 월세를 법원에 공탁함으로써 임차료 연체로 인한 명도소송 등을 피할 수 있다. 임대인 대신 법원에 월세를 내는 셈이다. 그러나 공탁 제도를 모르는 임차인이 많은 데다, 법원에 공탁하는 과정 자체도 여간 번거로운 게 아니다. 세입자가 매달 공탁 절차를 거치도록 하는 것만으로도 세입자에겐 나가라는 신호가 되어 마음에 멍이 든다. 이렇듯 임차인이 월세를 3기 이상 연체하면 명도소송을 걸 수 있으므로 일단 계좌부터 닫고 보는 임대인이 많다. 더불어 해당 상가에서 장사하고 있는데, 건물이 경매 또는 공매가 진행되면 대항력 없는 후순위 임차인은 건물에서 나가야 한다. 상가 등 대부분의 수익형 부동산은 수익률 극대화를 위해 매입할 때부터 대출 활용을 감안할 때, 대다수 임차인이 후순위인 경우가 많다.

임차인은 장사가 잘되어도 걱정, 안 되어도 걱정이라고 한다. 언젠가는 나가야 할 장소를 빌려 쓰는 입장이므로 불안하기 그지없는 상황, 하늘 아래 발 뻗고 편히 장사할 내 건물이 있다는 것만으로도 임차인은 마음 든든할 것이다. 내 건물을 마련하는 방법으로 매매나 분양을 통할 수도 있지만 뭐니 뭐니 해도 공매로 싸게 취득하는 것만큼 값진 결과물은 없을 것이다.

공매낙찰로 시세보다 2억 원 싸게 상가를 마련하다

공매 진행 내역

    서울 동대문구에 위치한 상가가 공매로 나왔다. 해당 건물은 대학교 앞에 위치한 건물로, 공동체납자 중 1인이 직접 커피숍을 운영 중이었다. 감정가는 약 6억 9,000만 원이었으며 세 번의 유찰을 거쳐 약 4억 9,000만 원에 낙찰되었다. 감정가와 시세가 비슷했음을 감안하면 매수인은 2억 원 저렴하게 상가 마련을 할 수 있었다.

입찰시작 일시~입찰마감 일시	개찰일시 / 매각결정일시	최저입찰가
15.08.17 10:00 ~ 15.08.19 17:00	15.08.20 11:00 / 15.08.24 10:00	690,758,000
15.08.24 10:00 ~ 15.08.26 17:00	15.08.27 11:00 / 15.08.31 10:00	621,683,000
15.08.31 10:00 ~ 15.09.02 17:00	15.09.03 11:00 / 15.09.07 10:00	552,607,000
15.09.07 10:00 ~ 15.09.09 17:00	15.09.10 11:00 / 15.09.14 10:00	483,531,000

낙찰 : 496,100,000원 (102.6%)

낙찰 결과 내역

이 사례처럼 공매를 통해 상가를 직접 낙찰받아 직접 사용수익할 경우 인근 시세 대비 저렴하게 낙찰받을 수 있어 그 자체로도 재테크가 된다. 또한 임대할 경우, 일반 매매 때보다 낮은 이자 부담율로 수익률이 상승한다. 그러므로 직접 장사를 하실 분들은 임대를 찾지 말고 공매를 통해 직접 낙찰받을 기회를 만들면 좋다.

공매 진행 당시 커피숍 모습

현재 음식점으로 사용 중인 모습

선순위 임차인 인수가
오히려 기회다

    선순위 전세권자 및 선순위 임차인은 대항력이 있어 배분요구를 하지 않은 경우, 해당 임차보증금과 잔여 기간을 매수인이 인수해야 한다. 그래서 이런 물건은 입찰자들이 꺼리는 경우가 많은데, 생각을 바꿔보면 기회가 되는 물건으로 변신할 수 있다.

물건용도	상가용및업무용건물	감정가	482,000,000	최저입찰가	60,250,000
집행기관	한국자산관리공사	담당부서	서울동부지역본부	담 당 자	조세정리2팀(☎ 1588-●●●●)
위임기관	성북구청	처분방식	매각	물건상태	낙찰

■ 물건 정보

소재지	서울특별시 성북구 석관동				
재산종류	압류재산(캠코)	물건용도	상가용및업무용건물	세부용도	근린생활시설
토지면적	29.22	건물면적	110.27	배분요구종기	2019-10-07

공매 진행 내역

서울 성북구에 위치한 집합건물 내 상가가 압류재산 공매에 나왔다. 전용면적 110㎡(약 33평)인 상가의 감정가는 4억 8,200만 원이었다. 해당 상가는 3억 8,000만 원의 선순위 전세권이 있었으며, 전세권자가 배분요구를 하지 않아 매수인이 인수해야 하는 전세권이었다. 이런 점 때문에 꺼려질 수 있는 물건이지만, 그만큼 저감된 가격에 입찰하면 소액 투자가 가능한 물건이 된다.

건물 외부 모습 및 상가 내부 모습

입찰시작 일시~입찰마감 일시	개찰일시 / 매각결정일시	최저입찰가
20.06.01 10:00 ~ 20.06.03 17:00	20.06.04 11:00 / 20.06.08 10:00	120,500,000
20.06.08 10:00 ~ 20.06.10 17:00	20.06.11 11:00 / 20.06.15 10:00	108,450,000
20.06.15 10:00 ~ 20.06.17 17:00	20.06.18 11:00 / 20.06.22 10:00	96,400,000
20.06.22 10:00 ~ 20.06.24 17:00	20.06.25 11:00 / 20.06.29 10:00	84,350,000
20.06.29 10:00 ~ 20.07.01 17:00	20.07.02 11:00 / 20.07.06 10:00	72,300,000
20.07.06 10:00 ~ 20.07.08 17:00	20.07.09 11:00 / 20.07.13 10:00	60,250,000

낙찰 : 61,400,000원 (101.91%)

낙찰 결과 내역

해당 물건은 유찰을 거듭해 최종 6,140만 원에 낙찰되었다. 4억 8,000만 원대의 상가를 임차인 인수 덕분에 6,000만 원대에 구입하는 셈이 되니 초기 자본이 적게 투입된다. 게다가 시세대로 매각 시 높은 처분이익 실현이 가능하고, 시세보다 낮은 가격에 낙찰받았으므로 시세 가격으로 임대 시, 시세와 낙찰가 사이 4,000만 원에 대해 수익 실현이 가능한 물건이다. 그러니 선순위 임차인을 인수하는 물건을 기피할 게 아닌 소액으로 수익률을 높일 수 있는 시각으로 접근하면 한층 투자의 즐거움이 늘어날 것이다.

감정평가의
시점 차이를 노리자

아파트 입찰은 대중화되어 많은 사람들의 관심을 받는다. 그러다 보니 높아지는 입찰가에 제대로 된 수익을 내지 못하는 경우도 발생한다. 따라서 여러분이 수익 날 가격에 아파트 낙찰을 노린다면 전략이 필요한데, 그 대표적인 경우가 감정평가의 차이를 노리는 것이다.

공매개시가 되면 감정평가사가 해당 부동산의 감정을 한다. 이후 체납자 등 이해관계자와 관할세무서 등에 송달 기간을 거쳐 공매매각기일이 정해지기까지 보통 4~5개월이 소요된다. 따라서 감정 시기와 매각 시기의 차이가 벌어지는데, 부동산 상승기인 경우, 매각 시점의 시세가 감정가보다 높은 경우가 발생한다. 이런 때, 유찰되길 기다릴 게 아닌 과감히 신건에 입찰하는 전략이 필요하다.

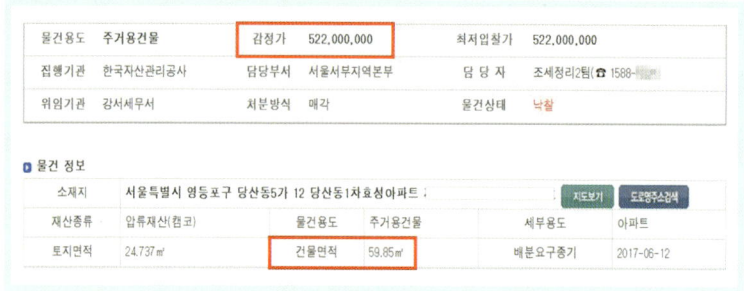

공매 진행 내역

2017년 6월, 서울 영등포구 당산동에 위치한 아파트가 공매 진행되었다. 전용면적 59㎡의 해당 아파트의 감정가는 5억 2,200만 원이었는데, 당시 부동산 시세가 오르고 있던 시기라 매각 당시 시세는 5억 6,000만 원 내외였다. 따라서 이런 물건은 유찰되길 기다리지 말고 첫 입찰기일에 입찰하는 전략을 펴야 하는데, 입찰자의 전략이 맞아떨어져 약 5억 3,600만 원에 낙찰되었다.

낙찰 결과 내역

해당 매수인은 잔금을 납부한 지 두 달 만에 5억 8,000만 원에 매각해 단기간에 4,000만 원이 넘는 시세차익을 얻을 수 있었다. 대개 아파트 입찰에는 열 명이 넘는 입찰자들이 몰리는 경우가 많은데, 이렇듯 감정평가 시점의 차이를 노린 시세 차이를 보고 첫 입찰기일에 입찰하는 전략을 구사하면 낮은 경쟁자 속에 낙찰받을 확률이 더욱 높아진다.

> **TIP** **정확한 가격 조사는 필수다**

1. **주거용** : 매도자, 매수자, 임차인 입장에서 다양한 조사가 필요하다
2. **상가** : 투자 금액 대비 임대 수익 근거 가격 파악을 해야 한다(입지, 공실, 상권 규모).
3. **토지** : 인근 유사 지역의 거래사례를 집중 조사한다(현지 주민 및 이장 적극 활용).

⇒ 정확한 가격 조사를 해야 한 푼이라도 값싸게 우량 부동산을 살 수 있다.

돈 없이도
부동산 소유자가 될 수 있다

매매로 부동산을 구입 시, 투자되는 자본은 적게는 수천만 원에서 많게는 수억 원에 이를 정도로 다양하다. 갭 투자를 하려고 해도 최소 3,000만 원 이상의 자본은 필요하지만, 공매를 이용하면 내 돈이 없어도 부동산 소유자가 될 수 있다.

공매 진행 내역

입찰시작 일시~입찰마감 일시	개찰일시 / 매각결정일시	최저입찰가
19.11.04 10:00 ~ 19.11.06 17:00	19.11.07 11:00 / 19.11.11 10:00	220,000,000
19.11.11 10:00 ~ 19.11.13 17:00	19.11.14 11:00 / 19.11.18 10:00	198,000,000
19.11.18 10:00 ~ 19.11.20 17:00	19.11.21 11:00 / 19.11.25 10:00	176,000,000

낙찰 : 187,290,000원 (106.41%)

낙찰 결과 내역

　　세종시에 위치한 아파트가 압류재산으로 공매가 진행되었다. 감정가는 2억 2,000만 원이었으며 해당 아파트에는 후순위 임차인이 거주 중이었다. 이 아파트는 1억 8,700만 원에 낙찰되었는데, 당시 아파트 전세가격이 1억 8,000~1억 9,000만 원임을 감안할 때 무피 투자(본인 자금이 소요되지 않고 투자하는 것)가 가능했다. 이렇듯, 해당 낙찰금액이 전세가격보다 낮은 물건을 공략하면 얼마든지 무피 투자가 가능하다. 다만, 이런 물건을 노리려면 전국적으로 눈을 돌려야 한다. 지방엔 전세가보다 낮은 공매예정가격의 공매 물건이 충분히 많이 있기 때문이며 서울 및 수도권에 비해 입찰 경쟁자가 적기 때문이다. 더불어 부동산 상승기에는 두둑한 시세차익까지 얻을 수 있으니 일거양득이다.

Part8.
여러분의 재테크 성공을 위한 조언

꾸준한 입찰이 필요하다

우리는 흔히 '초심을 잃지 말라'는 말을 한다. 슬럼프에 빠져 허우적거릴 때, 뭔가 극적인 변화가 필요한 시점에 그 조언은 적잖은 위로가 된다. 인생이란 단거리 경주가 아닌 마라톤이기에 한결같은 꾸준함이 필요하지만, 처음의 마음을 한결같이 유지한다는 것은 여간 어려운 일이 아니다.

눈덩이를 굴릴 때 처음에는 좀처럼 크기가 늘지 않아 짜증이 난다. 손도 시리고 날씨도 춥고 포기하고 싶은 마음이 절로 든다. 하지만 꾸준히 하다 보면 갑자기 변화가 생기는 시점이 찾아온다. 누구나 처음에는 일이 생각대로 진행되지 않아 지루한 느낌도 들고 싫증도 나게 된다. 괜히 시작했다는 생각에 포기하고 싶은 마음도 굴뚝같다. 하지만 처음부터 기대했던 성과가 나오는 일은 거의 없다. 기대에 못 미치는 것이 오히려 당연하다. 그렇게 여유 있는 마음을 갖고 꾸준하게 하다 보면 내부에 에너지가 축적되면서 어느 순간 도약의 시점에 도달하게 된다.

"세상에 마법이 있다면 그것은 단 하나, 바로 계속하는 힘이다."
일본 생활용품업체인 유니참(Unicharm)의 다카하라 게이치로(高原 慶一朗) 회장의 말이다. 그는 45년간 유니참의 CEO로 재직하며 유니참을 일본 최대 생활용품 회사로 키워낸 인물이며, 일본 경제단체인연합회 부의장을 역임한 바 있다. 그가 말하는 계속하는 힘이란 꾸준히 일을 추진해나가는 능력을 말한다. 꾸준히 노력하고 계속하는 힘을 키우는 과정에서 기회를 만나고 또한 도약하게 되는 것이지, 갑작스러운 행운으로 성공을 얻는 사람은 없다고 단언한다.

공매시장에서도 꾸준함은 대단히 중요하다. 왜냐하면, 우리의 투자는 오늘 하루에 그치는 것이 아니기 때문이다. 긴 호흡을 유지하며 시장을 바라봐야 한다. 꾸준히 하다 보면 어느 순간 도약의 시점이 온다. 그때까지 견뎌내야 한다. 물이 끓기를 기다리는 것이 지루하다 해서 95도에서 멈춘다면 너무 아쉬운 일이다.

시작,
그리고 지속하자

'그 일을 하고 싶어 하는 사람은 만 명, 그 일을 시작하는 사람은 백 명, 그 일을 지금도 계속하고 있는 사람은 한 명'이라는 말이 있다. 이 말은 공매에도 잘 들어맞는다.

실제 많은 사람들이 공매낙찰을 통해 수익을 얻고 싶어 한다. 타인의 사례를 보면 부럽고 질투가 나기도 해 본인도 어서 그런 수익을 냈으면 한다. 하지만 마음에만 가득할 뿐, 실제 공매 투자로 이어지는 경우는 소수다. 게다가 꾸준히 공매 투자를 하며 지속하고 있는 사람은 더 극소수다. 왜일까? 초보 공매 투자자들이 몇 차례 패찰(낙찰받지 못함)을 하다 보면 어떤 사람은 '나는 공매에 맞지 않는 것 같다'라는 생각으로 포기하고, 또 어떤 사람은 패찰을 '실패'라 생각해 공매시장을 떠난다. 하지만 '패찰 = 실패'가 아니며 공매 투자를 지속함으로써 실력이 쌓여 내공으로 이어지는 것이지, 처음부터 공매 투자 전문가로 시작한 사람은 드물다.

조바심을 거두자

공매는 꾸준한 입찰 참여가 중요하다. 어떤 일이든 꾸준히 매진하다 보면 그 분야의 전문성을 갖는 것처럼, 공매도 꾸준히 하면 전문가가 될 수 있다. 하지만 안타깝게도 많은 사람들이 오랫동안 지속하지 못하고 있는데, 그 원인 중 가장 큰 것이 바로 조바심이다.

공매 초보자들은 낙찰을 받으면 굉장히 기뻐하다가도 예상했던 것보다 수익이 나오지 않거나 빨리 처분되지 않으면 조바심을 낸다. 빨리 처분하지 못하면 그동안 물건은 비워져 있고 매수대금 이자는 계속해서 빠져나가는 상황이 되니 조급해지는 것이다. 그러다 보면 초보자들은 이런 상황을 견디기 어려워 시세를 대폭 낮춰 임대나 매매를 하는 경우가 있다. 이 경우 낙찰받은 금액 외에 추가로 들어가는 취득세나 이사비용, 최소한의 내부 수리비용, 기타비용을 포함하면 공매를 통한 이득이 거의 없어진다. 심하면 손해를 보기도 한다. 그리고 이런 일이 한두 번 반복되면 자연스레 공매시장을 떠나는 것이다.

이런 상황을 피하려면 처음부터 자신이 얻고자 하는 수익률의 최대치를 기준으로 삼으면 안 된다. 또한, 철저한 현장 조사를 통해 급매가격과 주변 유사 물건의 임대수익률을 계산해 입찰가를 산정해야 한다. 이렇게 해야 변수로 인한 손해는 최소화되고 수익은 더 높아지기 때문이다. 입찰가가 적절하다면 매매·임대가 곧바로 되지 않더라도 좀 더 느긋하게 기다릴 수 있다.

공매 입찰은 패찰을 일상으로 여기는 게 좋다. 공매 투자로 부자가 되고 싶다면 꾸준한 입찰 참여와 인내심을 가져야 한다. 막연히 한 건 낙찰받고 그만둘 공매가 아니기에 공매시장에서 승부를 보겠다는 강한 집념이 필요하다. 이렇게 6개월에서 1년을 버티다 보면 물건 보는 눈이 좋아져 수익이 올라간다.

내 눈에 쉬우면
다른 사람 눈에도 쉽다

공매 물건을 선정해 권리분석을 마쳤으면 현장으로 출동할 차례다. 이때, 간단한 체크리스트를 작성해두는 등 사전 준비가 필요하다. 캠코에서 제공한 서류를 참고해 중요한 내용들을 토대로 조사 목록을 미리 만들어두면 투자성 여부를 쉽게 판단할 수 있다. 초보 투자자가 현장 답사할 때는 공적서류와 현황의 일치 여부부터 체크해야 한다. 서류와 실제 이용 시 차이점을 발견해내는 게 임장 활동의 기초다. 또 감정서를 바탕으로 경계 확인, 공매 대상 포함 여부도 확인해야 한다.

공매 고수라도 현장에서 기초 조사에서 실패하면, 성공하는 공매 투자라 할 수 없다. 관리가 소홀한 지방 농지나 임야의 경우 도랑이나 개울, 구거 등 자연지형으로 경계가 정해지거나 상속 과정에서 지적도와 실제 사용 관계가 다를 수 있어 정확한 위치와 경계확인은 필수 체크사항이다. 임차인 탐문도 임장 활동에서 빼놓을 수 없는 중요한 확인 내용이다. 주택 점유자를 직접 만나보고 명도 저항 여부를 탐문하는 것 외에도 폐문부재일 경우 전기·수도 계량기와 우편물, 이웃 주민 탐문을 통해 실제 점유 여부를 확인함으로써 임대차 관계 성립 여부 체크도 서류상 권리분석만큼 중요하다.

겉모습만 보지 말자

서류상에 보이지 않는 함정 여부도 체크해봐야 한다. 예를 들어, 진입로, 도로 문제, 주변 시세와 수용 여부 등 직접 그 부동산을 찾아가 살펴본 뒤 하자가 없다는 것을 확인하고, 감정가보다 훨씬 싼 가격에 낙찰받아 고수익을 챙길 수도 있다. 건축연도가 오래된 부동산이라도 현장답사를 하고 개보수를 통해 부동산의 가치를 높일 수 있다면 적극적으로 입찰을 고려할 만하다. 일반적으로 오래되어 낡고 허름한 주택은 투자자들이 지레 입찰을 포기해 유찰횟수가 늘어난다. 부정적 인상 때문에 가보지도 않고 포기하는 사람들이 적지 않지만 임장활동을 통해 값싸게 낙찰받아 리모델링해 양도하거나 임대하면 훨씬 실속 있는 투자처가 될 수 있다.

아파트 입찰을 주로 하다 포기하는 대부분의 사람들은 경쟁을 피하는 방법을 몰라서다. 기본적인 아파트 공매를 누가 낙찰받겠는가. 당연히 금액을 제일 많이 써내는 사람이 받는 것이다. 공매가 대중화될수록 매수인은 당연히 실수요자 또는 소유자 측근이다. 그래서 패찰을 서너 번 정도 하다 보면 의지도 사라지고 열정도 없어져 다른 투자 시장을 찾게 된다.

　이처럼 경쟁에서 자유로울 수 있는 물건, 쉽게 말해 독점해 수익을 올릴 수 있는 방법들을 잘 생각해 연구해보자. 그럼 앞으로 기대했던 수익률의 입찰가로 당당히 낙찰받을 수 있을 것이다.

TIP 높은 수익을 실현하는 방법

1. 아파트 및 다른 종목(상가, 토지, 공장)의 공·경매를 두루 섭렵한다.
2. 아파트 + 특수조건이 잘 조합된 물건(가장 임차인, 유치권)에 도전한다.
3. 지역을 넓혀 우리나라 전 지역을 입찰한다.
4. 경쟁에서 가장 자유로울 때는 수요가 공급을 따라오지 못할 때다. 즉, 수탁재산 공매 등 대량공급 물건에 입찰한다.

낙찰받는 목적이
무엇인지 생각하자

취득 목적은 무엇인가?

먼저 공매 물건을 취득하는 목적이 무엇인지를 분명히 할 필요가 있다. 이른바 돈 되는 물건이면 아무거나 취득하겠다는 묻지마 식 투자는 낙찰받고도 곧 후회하거나 입찰 사고를 일으키는 주요 요인으로 작용할 가능성이 있다. 따라서 공매 물건을 취득하고자 하는 목적이 재테크를 위한 투자가 우선인지, 아니면 직접 거주나 영업을 위한 실수요가 우선인지를 분명히 해야 한다. 투자 목적이라면 입찰가를 수익률에 맞게 다소 보수적으로 산정하는 반면, 실수요인 경우라면 투자자보다는 입찰가를 높여 쓸 수 있는 여지가 있다.

임대수익인가, 시세차익인가?

투자를 목적으로 할 때도 임대수익이나 시세차익 중 어느 것을 우선할 것이냐에 따라 물건 선정 기준이 달라진다. 예를 들어 임대수익을 우선으로 한다면, 오피스텔, 상가, 원룸주택, 아파트형 공장 등이 주된 선정 종목이 될 것이다. 반면 시세차익을 우선시한다면, 아파트, 개발 호재 지역 토지, 재개발·재건축 예정 물건 등이 선정 대상이 될 것이다.

관심 지역이 어디인가?

관심 지역을 설정한다는 것은 어느 지역을 우선 투자 지역으로 삼고 물건을 선정하느냐. 이는 투자자의 성향에 따라 다른데, 신도시 개발, 지하철 및 도로 개통, 재개발 및 재건축 등 개발 호재가 있는 지역을 우선 투자 지역으로 설정할 수도 있고, 개발 호재보다는 현재 환경이나 편의시설, 쾌적성을 중시 여겨 교육 환경이나 출퇴근 거리에 포인트를 두고 지역을 설정할 수도 있다.

어떤 종목을 선호하는가?

부동산 종별은 크게 주거용 부동산, 상업용 부동산, 토지로 나눌 수 있다. 주거용 부동산으로는 단독주택(단독주택, 다가구주택 등), 공동주택(아파트, 연립주택, 다세대주택 등)이 있다. 상업용 부동산은 근린상가, 업무시설, 숙박시설, 공업용 시설, 오피스텔 등이 있다. 토지는 농지, 임야, 대지 등 여러 가지 종목으로 분류된다. 부동산 종별에 따라 투자 목적, 요구수익률, 조사 내용 등이 다르므로 부동산 종별에 대한 분류나 개념 정립을 확실히 해야 한다. 예를 들어, 같은 공업용 시설이라도 일반 공장은 개발이나 실수요 또는 시세차익을 바라는 반면, 아파트형 공장은 임대수익을 목적으로 한다. 이처럼 종별에 따라 투자 목적뿐만 아니라 임장 활동 시 조사할 사항들이 제각각 다르다.

자금 규모는 얼마인가?

자금 계획은 투자자가 어느 가격대의 공매 물건에 투자할 수 있는가를 가늠해볼 수 있는 척도로서, 관심물건 선정 작업에 구체적으로 돌입하기 위한 중요한 전제조건이다. 투자자가 현재 보유하고 있는 여유자금뿐만 아니라 대출금(원리금 상환 또는 이자 부담 고려)을 포함해 투자 대상 물건이 과연 준비 가능한 자금으로 감당할 수 있는 범위의 물건인가를 판단한다. 자금 계획만 바로 세워도 공매 물건 검색에 소요되는 시간을 상당히 단축시킬 수 있다.

특별자금비용도 세웠는가?

자금 계획을 세울 때는 단순 낙찰가 측면에서만 접근할 것이 아니라 총 소요비용 차원에서 접근해야 한다. 매입가를 비롯해 취득세, 법무비용, 컨설팅 수수료, 개·보수비용 등 일반적인 비용을 비롯해 권리 인수비용(유치권 금액, 임차인 보증금, 체납 관리비 등), 명도비용 등 공매 취득일 때 특별히 소요되는 비용도 고려해야 한다. 특히 낙찰 부동산 담보대출로 잔금을 납부할 생각이라면 대출 한도를 사전에 파악하고 입찰에 임하는 것이 좋다. 간혹 무작정 낙찰받고 나서 대출 한도가 원하는 만큼 나오지 않아 잔금을 납부하지 못하고 공매보증금을 몰수당하는 사례도 있다.

보고 싶은 것만 보고,
듣고 싶은 말만 듣는다

근래, 공매에 관심 갖는 사람들이 많아졌다. 이런 상황에 몇 번 시도하다가 떨어지면 스스로 늦었다고, 공매도 한물간 것 같다며 포기하는 사람이 의외로 많다. 하지만 내 눈에 좋아 보이는 물건은 다른 사람 눈에도 좋아 보인다. 힘들고 손 많이 가는 물건은 하기 싫고 번듯해 보이는 아파트만 입찰하고 싶으니 이런 일이 벌어지는 것이다.

이미 대략 시세는 정해진 탓에 가장 높은 가격을 쓴 사람, 즉 가장 적은 수익을 내겠다는 사람에게 낙찰된다. 명도 과정의 난항, 아파트 가격의 하락이라는 예상치 못한 복병을 만나면 낙찰받아 고생만 하고 본전도 못 건지는 사태도 허다하다.

낙찰을 못 받은 이는 공매가 과열되었다, 한물갔다고 말하고,
낙찰받은 이는 수익을 못 내서 공매가 한물갔다고 한다.

본인이 경험해본 일부의 경험만으로 전체 공매시장을 매도하며 먹을 게 없다는 말을 남기고 떠난다. 실제 먹을 게 없을까? 그렇다면 필자도 공매를 그만해야 하지 않을까? 하지만 필자는 지금도 꾸준히 공매를 지속하고 있다. 분명 높은 수익이 나기 때문이다.

제대로 볼 줄 알아야 한다

군맹무상(群盲撫象), 맹인 여럿이 코끼리를 만진다는 뜻으로 자기의 좁은 소견과 주관으로 사물을 그릇되게 판단함을 말한다. 우리는 코끼리를 만진 맹인처럼 자신이 본 것만 믿고 사는 경우가 많다. 확실하게 봤다고 생각했던 것이 전체가 아니라 자신이 보려 했던 일부분이고, 들었던 것들이 전체가 아니라 자신이 듣고 싶었던 일부분일 때가 많다. 이런 행동은 마음의 크기를 작게 만들어 자신만이 옳다고 생각하게 한다. 이와 같은 원리로, '무주의 맹시(Inattention Blindness, 주의를 기울이지 않으면 보이지 않는다는 뜻)'가 있다.

미국의 심리학자 크리스토퍼 차브리스(Christopher Chabris)와 대니얼 사이언스(Daniel Simons)는 심리학 역사상 유명한 실험을 했다. 당시 대학원생이던 차브리스와 조교수인 사이먼스는 학생을 두 팀으로 나눠 이리저리 움직이며 농구공을 패스하게 하고, 이 장면을 찍어 짧은 동영상을 만들었다. 두 사람은 실험 대상자에게 검은 셔츠 팀은 무시하고 흰 셔츠 팀의 패스 수만 세어달라고 부탁했다. 동영상 중간에는 고릴라 의상을 입은 여학생이 약 9초에 걸쳐 무대 중앙으로 걸어와 선수들 가운데에 멈춰 서서 카메라를 향해 가슴을 치고 나서 걸어가는 장면이 있었다. 그런데 놀랍게도 실험 대상의 절반은 패스 수를 세는 데 정신이 팔려서 그 여학생을 보지 못했다. 뜻밖의 사실을 잘 보지 못하는 이 현상에는 '무주의 맹시'라는 이름이 붙여졌다.

보이지 않는 고릴라 실험에서 보듯 사람은 자기가 보고 싶은 것만 보이고, 관심을 두지 않으면 보이지 않는 경향이 있다. 이는 지능이나 성격과도 무관한 사람의 보편적인 약점이다. 공매가 한물갔다고 주장하는 사람은 실체, 관계는 알고 싶은 생각 없이 자기가 보고 싶은 것만 보려고 하는 것은 아닌지 살펴보기 바란다. 이런 분들은 눈을 돌려 넓게 주위를 보길 바란다.

목표가 분명한 삶을 살자

일반적으로 이야기하는 사람은 두 부류로 나눌 수 있다. 바로 과거를 이야기하는 자와 미래를 이야기하는 자다. 흔히 현실이 못마땅하고 생각만큼 풀리지 않을 때 "왕년에 내가…"라고 말하며 과거를 회상한다. 팍팍한 현실에 철퍼덕 주저앉기가 두려워 추억을 붙잡고 있다. 지금의 현실을 부정하고픈 마음에 잘나가던 과거를 회상하며 빠져나올 줄을 모른다. 그 잘나가던 과거가 지금 밥 먹여주는 것도 아닌데 말이다.

여러분에게 "목표가 무엇입니까?"라고 물었을 때, 선뜻 대답할 수 있는가? 현실에선 먼 곳을 응시하며 과거를 회상하는 경우가 많고, 막연히 돈을 벌고 싶다고 대답하는 경우도 많다. 하지만 이래선 곤란하다. 목적지를 정한 후 길을 떠나야 헤매지 않듯, 재테크에도 목표(목적지)가 필요하다. 목표가 뚜렷해야 어떤 어려움이 닥쳐도 인내하며 이겨낼 수 있다.

포도주 한 잔에 담긴 성공

한 청년이 왕을 찾아가 인생의 성공 비결을 가르쳐달라고 했다. 왕은 말없이 큰 컵에다 포도주를 채우고 청년에게 건네주었다. 그리고 주변에 있던 병사를 부르더니 명령했다.

"이 청년이 저 포도주잔을 들고 시내를 한 바퀴 도는 동안 너는 칼을 들고 이 청년의 뒤를 계속해서 따라가거라. 만약 포도주를 엎지르거든 당장 목을 내리쳐라!"

청년은 식은땀을 흘리며 그 잔을 들고 시내를 한 바퀴 돌아 왕 앞에 왔다.

시내를 도는 동안 무엇을 보고 들었는지 말해보라는 왕의 말에 청년은 아무것도 보지도 못하고 듣지도 못했다고 했다. 왕은 큰 소리로 청년에게 다시 물었다.

"넌 거리에 있는 걸인도, 장사꾼도 못 보고, 뛰어다니는 아이들도, 술집에서 노래하는 것도 못 들었단 말이냐?"

"저는 포도주잔에 신경을 쓰느라 아무것도 할 수 없었습니다."

그러자 왕이 미소를 지으며 말했다.

"그렇다. 그것이 앞으로 너의 성공 비결이 될 것이다. 인생의 목표를 확고하게 세우고 일에 집중한다면 어떤 유혹과 비난에도 흔들리지 않을 것이다."

　어떠한 일에 몰두하지 못하는 사람들은 주변의 유혹과 잡념에 끌려다니느라 여기저기 기웃거린다. 하지만 목표가 뚜렷한 사람은 그것만 바라보고 나아갈 수 있다. 자기가 세운 목표에 긍지를 가지고 최선을 다하면 어떤 일을 하든 성공할 수 있을 것이다.

Part 9.
화폐 가치가 떨어지는 현대, 투자는 필수다

악착같이 저축해도
부자가 되지 않는다

사람들은 돈을 벌려면 돈이 어느 정도 있어야 한다고 생각한다. 누군가 큰돈을 벌었다고 하면 '돈이 있으니 가능하지, 나처럼 땡전 한 푼 없는 사람이 어떻게 돈을 벌 수 있어?' 하고 자책한다. 그래서 악착같이 돈을 모으려고 허리띠를 졸라매고 돈을 아끼려고 한다. 지금 여러분은 그렇게 힘들게 아껴서 얼마나 모았는가? 그런데 오히려 삶이 더 괴로워지지 않았는가?

잘살기 위해, 부자가 되기 위해 악착같이 아끼며 저축했지만, 삶이 나아졌을까? 저축 덕분에 넉넉해지고 풍요로운 삶을 영위하고 있을까? 대부분 그렇지 않을 것이다. 비싼 음식 한 번 안 사 먹고, 비싼 옷 한 번 산 적 없이 살아왔는데, 삶이 나아지기는커녕 퇴보하고 있다. 왜 그럴까? 바로 통화량 증가에 따른 화폐 가치가 하락하기 때문이다. 현재 시중은행의 정기예금 이자율은 은행마다 약간의 차이는 있지만 보통 연 1%(세후) 미만이다.

금융회사	상품명	세전 이자율	세후 이자율	세후 이자(예시)	최고 우대금리
광주은행	플러스다모아예금	0.64%	0.54%	54,140	0.74%
농협은행주식회사	NH농심-농부의마음 정기예금	0.60%	0.51%	50,760	1.00%
신한은행	신한 S드림 정기예금	0.60%	0.51%	50,760	0.60%
신한은행	쏠편한 정기예금	0.60%	0.51%	50,760	1.00%
전북은행	JB주거래예금	0.55%	0.47%	46,530	1.15%
제주은행	사이버우대 정기예금 (만기지급식 -일반)	0.50%	0.42%	42,300	0.80%
제주은행	제주Dream 정기예금 (개인/만기 지급식)	0.50%	0.42%	42,300	0.60%
하나은행	리틀빅 정기예금	0.50%	0.42%	42,300	1.30%
우리은행	WON 예금	0.45%	0.38%	38,070	0.90%

1년 만기 정기예금 이자율 예시 　　(출처 : 금융감독원)

　　자본주의 사회에서 물가인상은 자연스러운 현상이다. 하지만 오른 물가 탓에 소득과 부의 분배가 불평등하게 된다. 이는 물가가 오르면 일정한 돈으로 시장에서 살 수 있는 물건의 양이 줄어들게 되기 때문이다. 다시 말해서 일정액의 급여나 연금으로 생활하는 가정은 물가가 오르면 사실상 소득이 줄어든 것과 같게 된다. 집 없는 서민들은 집값이 올라 내 집 마련이 더욱 어렵게 되어 상대적으로 더욱 가난해진다.

은행예금을 가지고 있는 사람도 물가가 오르면 이들 예금의 실제 가치가 떨어지게 되므로 손해를 보게 된다. 최소한 물가상승률만큼 예금의 이자가 붙어줘야 본전인데 실제 물가상승률에 못 미치는 이율이기 때문이다. 따라서 돈을 불려주겠거니 생각하고 통장에 돈을 넣어두는 것은 은행만 배를 불려주는 것이요, 앉아서 손해 보는 구조다. 인플레이션에 의한 화폐 가치 추락 속도가 돈을 모으는 속도보다 더 빠르기 때문에 돈을 아끼고 모아서는 부자가 될 수 없다. 반면에 물가가 오르면 건물이나 토지와 같은 부동산 소유자는 가지고 있는 부동산 가격이 올라 상대적으로 더욱 부유해진다. 이처럼 물가상승은 소득과 부의 분배를 불평등하게 만든다.

월급이 올라도
삶은 더 팍팍하다

"장보기가 겁난다.", "만 원짜리 한 장으론 살 것이 없다."

찬거리를 사러 마트에 들른 주부들의 입에서 나오는 푸념이다. 이는 비단 장보기 물가뿐만이 아니다. 설렁탕, 감자탕, 치킨, 족발, 햄버거 등 음식점뿐만 아니라 미용실, 키즈카페 등 생활밀착형 업종들의 가격이 줄줄이 인상되어 예전에 같은 금액으로는 살 물건이 줄어들었다. 이런 현실이니 월급이 올랐다고 마냥 좋아할 수 없다. 예를 들어, 400만 원의 월급으로 한 달을 생활하고 있는데, 월급이 450만 원으로 늘었지만, 오히려 생활이 빠듯해졌다. 물가가 올라 덩달아 지출되는 돈이 많아진 까닭이다.

화폐 가치 대비 수익이 얼마인가?

과거부터 지금까지 서민들의 대표적인 외식 메뉴인 자장면.

1960년대 자장면이 우리나라에 처음 등장했을 때의 가격은 겨우 15원이었다. 그것이 1970년대 들어와서 300원, 1980년대 500원, 1990년대 갑자기 가격이 껑충 뛰어 1,500원대, 2000년대에 2,000원대로 올랐다. 2021년 현재 전국 자장면 평균 가격은 한 그릇에 5,000원 내외다. 30년 전만 해도 500원으로 사 먹었던 자장면이 지금의 500원으로는 자장 라면도 사 먹기 힘들다. 이처럼 화폐 가치는 시간이 지날수록 달라진다.

그렇다면 화폐 가치가 달라지는 게 왜 중요한 걸까? 부동산에서 화폐 가치가 달라진다는 걸 알아야 물가상승률과 부동산의 변화 예측에 도움이 되기 때문이다. 화폐 가치를 모르고 그냥 부동산이 상승한다고 해서 그 부동산이 수익을 낸다고 보장하기는 어렵다.

부동산을 제대로 파악하려면 단순 수익보다 물가 대비 얼마 올랐는지, 투자로 돈이 묶였으니 다른 기회비용의 상실 대비 얼마의 가치를 얻었는지를 알아야 한다. 만약 여러분이 10년 전에 사 둔 1억 원짜리 부동산이 지금은 1억 2,000만 원이라면 수익을 냈다고 할 수 있을까? 얼핏 보면 수익을 낸 것으로 볼 수 있으나, 지난 10년이란 시간 동안 물가 역시 상승해서 화폐의 가치가 달라졌기 때문에 그만큼 물가상승을 고려하면 사실상 손해라고도 볼 수 있다. 그러므로 단지 부동산 가격이 상승했는지가 전부가 아닌, 물가상승률과 비교해서 얼마나 올랐느냐를 따져야 한다.

부동산 공부를
게을리하지 말자

　부동산 투자는 시간에 투자하는 것이다. 미래가치를 보고 저점에 구입해 고점에 매각하는 방법으로, 그 안에는 고점이 될 때까지 보유하며 기다려야 하는 경우가 많다. 공매 또한 철저히 이 방법을 따라야 한다. 이 말인즉슨, 부동산을 알아야 한다는 것이다. 그래야 수익이 극대화될 수 있다. 그렇다고 모든 물건을 보유 투자한다면 단기적으로 필요한 자금이 부족해지며, 갈수록 투자금이 말라버린다. 따라서 보유 투자와 단기 투자를 병행하는 것이 수익을 극대화하는 방법이다. 단기 투자를 통해 빠른 투자금 회수로 재투자를 하며, 보유 투자 물건은 전·월세 임대를 통해 가급적 투자금 전액 회수로 자본이 묶이지 않도록 하는 방안을 구사해야 한다. 이렇게 병행 투자를 지속하면 한정된 자금으로 안정적인 투자 수익을 계속해서 올릴 수 있다.

공매가 나무라면 부동산은 숲이다

　나무를 보지 말고 숲을 보라는 말이 있다. 하지만 숲을 보자니 너무 거대해서 어디서부터 봐야 숲을 볼 수 있는지 가늠이 안 되는 경우가 많다. 부동산이 숲이라면, 공매는 나무다. 공매는 부동산 투자의 많은 방식 중 하나이기에 공매를 배우기에 앞서 부동산을 배워야 하는 건 두말할 필요 없다. 하지만 나무도 못 보는데 어찌 숲을 볼 수 있겠는가! 따라서 나무를 먼저 보되, 이에 머물지 말고 나무와 나무를 점점 확장해나가면서 숲을 보는 것이다.

　필자는 평소 주변에 부동산 공부를 열심히 하라고 하는 편이다. 그때마다 한 번씩 듣는 말이 "돈도 없는데 그런 건 배워서 어디에 써먹냐"는 것이다. 이런 사고는 수능이 11월에 있으니 11월에 공부를 시작하겠다는 것과 다름없다. 현재 돈이 없더라도 부동산을 남 일처럼 생각해선 안 된다. 돈 생기면 배우겠다는 사람은 늦다. 돈이 있든 없든 부동산은 누구나 바로 공부해야 한다. 지금 우리는 부동산에 살고 있으니 말이다.

　공매도 어려운데 부동산까지 공부해야 한다니, 초보자라면 할 일이 너무 많다고 여겨질 것이다. 하지만 쉽기만 한 투자 수익은 누구나 올릴 수 있다. 치열한 경쟁 속에 레드오션이 되는 것이다. 남들이 다 어려워하는 투자 방식은 그걸 이겨낸 사람만이 할 수 있는 블루오션이다. 따라서 쉬운 투자에 정착하지 말고 계속 공부하고 연구하자. 그 결실이 경제적 자유를 가져다줄 것이다.

투자할 때 고려할 네 가지 핵심 포인트

투자에 대해 잘 모르는 사람일지라도 다음의 4가지 핵심 포인트를 생각하며 투자하면 리스크를 줄일 수 있다.

1. 수익성

수익성이란 내가 투자한 금액으로 얻을 수 있는 수익이 얼마나 되는가를 평가해보는 것이다. 수익성으로만 따지면 으뜸인 것으로 로또복권을 들 수 있다. 단돈 1,000원으로 수십억 원 이상의 수익을 기대할 수 있으니 말이다. 단, 가능성이 낮은 점이 단점이다. 수익성이 높으면서 가능성도 크면 금상첨화지만, 이런 경우는 흔하지 않다. 같은 수익이 나올 수 있다면 확률이 높은 것이 좋고, 수익성이 아무리 높더라도 가능성이 약하다면 투자를 재고해야 할 것이다.

2. 안정성

안정성이 높을수록 수익성은 낮은 것이 보통이다. 예를 들어, 은행의 예·적금 등은 안정성이 높지만, 수익성은 매우 낮다. 흔히 투자 세계를 '고위험 고수익, 저위험 저수익'이라고 알고 있지만, 필자는 부동산 분야에서 '저위험 고수익'을 추구하는 투자를 즐긴다. 물론 이런 물건을 찾아내려면 검증된 실력이 바탕이 되어야 한다.

3. 성장성

본인이 투자한 대상의 가치가 향후 얼마나 커질 것인가를 염두해야 한다. 장기적인 관점의 투자라면 지금 당장의 수익보다 미래의 가치를 감안하는 것도 중요하다. 부동산에서는 향후 개발계획이라든지 주변 지역의 발전 가능성에 역점을 두고 투자를 결정할 필요가 있다.

4. 환금성

투자한 돈을 현금으로 전환할 때 소요되는 비용을 말한다. 여기서 말하는 비용은 직접적인 금전뿐만 아니라 시간도 포함한다. 환금성 면을 본다면 금융 투자가 좋고, 부동산은 장기적 성장성 면에서는 좋지만, 급히 처분해야 할 경우 환금이 쉽지 않아 곤란할 수 있다. 하지만 모든 부동산이 환금이 어려운 것은 아니다. 부동산 분야에서도 성장성이 높고 환금이 빠른 종목이 있으니 이를 분별하는 지혜가 필요하다.

이처럼 투자를 할 때는 네 가지 목적에 따라 적절히 사용할 필요가 있다. 노후를 위한 목적이라면 안정성 및 성장성을 염두에 두고, 단기간에 쓸 자금이라면 안정성 및 수익성에 관심을 둘 필요가 있다. 언제 쓸지 모를 목적 자금은 환금성을 고려해야 한다.

경험 많은
멘토가 필요하다

공매 전문가로 강의를 하며 많은 사람들을 만나면서 한 가지 분명한 사실을 알게 되었다. 그것은 그들 모두 부동산으로 돈을 벌기를 바라고 있었지만, 왜 돈을 벌지 못하고 있는지 그 이유를 정확히 알지 못하고 있다는 것이었다. '운이 없어서' 또는 '시기를 잘못 만나서', '돈이 없어서' 등이 그들이 내세우는 이유였다. 하지만 이는 근본적인 이유가 되지 못한다. 운 탓으로 돌리기엔 너무 추상적이다. 공부하지 않은 학생이 시험에서 떨어진 후, 마치 '운이 없어서'라고 말하는 것과 같다. 많은 돈이 있어야 투자가 가능한 것은 아니다. 적은 돈을 굴려 큰돈으로 만들어낸 사람들은 얼마든지 있다.

'백문불여일견(百聞不如一見), 백견불여일행(百見不如一行)'이란 말이 있다. '백 번 듣는 것은 한 번 보는 것만 못하고, 백번 보는 것은 한 번 행하는 것만 못하다'는 뜻으로 직접 경험해야 알 수 있다는 의미다. 평생 교육이라는 삶의 모토가 대중화되고 있는 지금, 배움을 터득할 방법은 매우 다양하다. 직업, 교양, 취미 등 세분화된 분야는 물론, 강의를 접할 수 있는 채널도 그 종류가 제법 많다. 본인이 무언가를 배우고 싶다고 마음만 먹으면, 배울 기회와 방법은 매우 많다. 하지만 최근 경쟁 위주의 환경에서 학습의 즐거움을 찾기란 어려운 듯하다. 왜 배움이 즐거움으로 연결되지 못하는 것일까? 주요 원인 중의 하나로 스스로 인정할 만한 성공 경험의 부재를 꼽고 싶다.

어떤 일을 진행할 때, 과거에 실패한 경험이 많은 사람보다 성공한 경험이 많았던 사람이 확실히 자신감이 넘친다. 자기계발 전문가인 미국의 하브 에커(Harv Eker)는 "들은 것은 잊어버린다. 본 것은 기억한다. 한 것은 이해한다"고 말했다. 그래서 처음에는 크고 대단한 일이 아니더라도 일상생활에서 사소한 목표라도 매일 달성하는 경험을 쌓는 게 중요하다. 예를 들어, 운동을 결심한 사람은 하루에 1시간, 2시간 이렇게 크게 정하지 말고, 처음에는 하루 10분 정도로 정해두고 달성하면서 조금씩 늘려 매일 이뤄나가는 경험을 쌓으면 좋다. 그러다 보면 목표도 조금씩 높게 크게 정하게 되고 자신감이 쌓여 결국 원래 의도대로 이뤄가는 데 큰 도움이 될 것이다.

투자도 마찬가지다. 처음에는 작은 경험을 쌓아나가면서 성공 경험을 쌓는 것이 중요하다. 사회적으로 성공한 사업가들이 다음에 다른 사업을 할 때도 계속해서 성공할 확률이 높은 이유는 작은 성공 경험들이 쌓여 성공으로 이끌기 때문이다. 또한, 소중한 내 돈이 들어가는 부동산 투자에서는 주체적으로 행동하는 게 좋다.

기회는 준비된 사람에게 오는 법이다

　대부분의 사람들은 어떤 사람이 부를 얻거나 성공하면 그저 운이 좋다고 이야기한다. 부와 성공을 이루기까지의 비하인드 스토리는 모르면서 말이다. 사람들은 수많은 스토리가 결집된 과정 자체는 알려고 하지 않는다. 단지 '운이 좋아서', '기회가 와서'라고 시기하며 그러지 못한 스스로를 위로한다. 하지만 단지 운만으로 성공한 사람은 없다. 이미 오래전부터 치열하게 준비해온 결과, 준비된 자에게 기회가 온 것이다. 어쩌다 손에 쥐게 된 행운이 아니라 노력의 과정 끝에 얻는 당연한 결과다. 부단히 준비했기에 기회를 보는 눈을 가질 수 있었던 것이다.

　물이 끓고 있다. 이를 보고 '운이 좋아서 물이 끓는다'고 말할 사람은 없을 것이다. 가열할수록 서서히 오른 온도가 임계점을 넘어 드디어 끓는 것이다. 99도까지 열심히 온도를 올려놓아도 마지막 1

도를 넘기지 못하면, 영원히 물은 끓지 않는다. 물을 끓이는 건 마지막 1도다. 포기하고 싶은 바로 그 1분을 참아내는 것이다. 이 순간을 넘어야 그 다음 문이 열린다.

대부분 사람들은 종잣돈이 생긴 다음에 본격적으로 재테크 공부를 하겠다고 한다. 그러나 필자의 생각은 좀 다르다. 종잣돈이 모이기 전에 미리 공부를 열심히 해두어야 한다. 결정할 수 있는 용기는 종잣돈만으로는 절대 나오기 어렵기 때문이다. 그리고 가끔은 없는 종잣돈도 만들어내는 대단한 위력을 가진 것이 용기이기도 하다. 자, 지금 원하는 목표를 향해 용기를 내어 도전해보면 어떨까? 핑계나 변명거리를 만들기 전에 노력하는 사람이 성공의 문에 먼저 다가설 수 있다.

에필로그

할 수 있다는
자신감을 갖자

I can과 I can't

'나는 할 수 있다'도 맞는 말이고, '나는 할 수 없다'도 맞는 말이다. 본인이 할 수 있다면 당연히 할 수 있다. 하지만 본인이 할 수 없다고 포기하면 더 이상 할 말이 없다. 즉, 본인의 마음가짐이 매우 중요하다.

우리의 뇌에는 큰 힘이 있다. 바로 자신이 선택한 대로 이뤄내는 것이다. 어려운 상황에 부딪혔을 때 할 수 있다는 마음을 가지면 우리의 뇌는 할 수 있도록 자신감과 의욕을 발생시킨다. 반대로 '나는 할 수 없다'를 선택하면 우리 뇌는 이러저러해서 안 된다는 이유를 찾고 두려움을 만들어 정말 그 일을 할 수 없게 만든다.

'할 수 있다'와 '할 수 없다'는 나의 선택이다. 뇌가 가진 특성은 누구나 같지만 어떤 선택을 하느냐에 따라 그 결과는 달라진다. 자신의 뇌를 믿고 얼마만큼 긍정적인 정보를 주느냐에 따라 뇌의 능력은 달라진다.

자신에게 믿음을 주자

내셔널지오그래픽에서 일반인을 대상으로 이런 뇌의 이론을 뒷받침해주는 한 가지 실험을 했다. 실험 내용은 이렇다. 일반인인 여성 실험 참가자에게 농구공을 주며 자유투 10회를 던져보라고 한다. 이 참가자는 10회 모두 실패했다. 본인은 농구선수가 아닌 일반인이라 실패하는 게 당연하다는 말도 덧붙인다. 진행자는 10여 명의 관객들까지 동원하며 잘할 수 있다고 응원 열기를 높인다. 게다가 이번에는 안대를 착용한 상태로 공을 던지는 것이다. 실험 참가자는 자신 없어 했지만, 이윽고 안대를 착용한 상태로 농구공을 힘껏 던졌다.

"와우, 골인이에요."
관객들의 함성이 들려온다.
"설마 내가 공을 넣었나요?"
안대를 벗은 여성 참가자는 어리둥절해한다. 진행자는 골인했다며 멋지다는 칭찬을 했고, 곧 안대를 다시 착용해 두 번째 자유투에 도전해보라고 한다. 여성 참가자는 다시 안대를 착용하고 공을 힘껏 던졌고 관객들은 다시 함성을 보낸다. 이번에도 골인했다는 반응에 어리둥절 놀라며 안대를 벗는 참가자. 이렇게 두 번의 안대 테스트를 한 후 이번에는 안대를 벗고 자유투를 던지는 것이다. 여성 참가자는 크게 심호흡을 하며 자유투를 던졌지만 아쉽게 골대 주변에서 맴돈 공은 골인이 되지 않았다. 다시 한번 시도한 참가자, 이번에도 노골이었다. 하지만 세 번째 시도에 드디어 골인한 참가자, 네 번째도 마찬가지로 골인을 했다. 처음에 열 번의 자유투 기회에서 한 번도 골인하지 못했던 참가자가 안대 테스트를 거친 후 세 번 만에 자유투를 성공시킨 것이다. 즉, '나는 할 수 있어'라는 긍정의 힘을 뇌에 실어준 결과, 그대로 이뤄진 것이다.

사실은 앞선 안대 테스트에서 던진 두 번의 자유투도 모두 실패였다. 하지만 미리 각본을 맞춘 관객들은 골인했다며 환호했고, 이에 참가자는 실제로 자신이 골을 넣었다고 생각하게 되었다. 이렇게 두 번의 골을 넣었다는 생각은 뇌에 긍정적인 영향을 미쳤고, 안대를 벗고 진행한 테스트에서 할 수 있다는 자신감을 불어넣어 준 것이다.

이렇듯, 결과는 자신에게 달려 있다. 세상 모든 일이 마찬가지다. 혹자는 '환경 때문에, 나이 때문에…' 등을 말하지만 실은 이미 자신의 마음속에 할 수 없다는 각인을 먼저 한 것은 아닐까? 도전할 용기가 없음을 들키지 않기 위해, 즉 나는 할 수 없다는 당위성을 만

들기 위해 환경, 나이를 끄집어 붙여놓는 것은 아닌가 말이다. 할 수 없다고 생각하고 있는 동안은 사실은 그것을 하기 싫다고 다짐하고 있는 것이다. 그러므로 그것은 실행되지 않는다.

기회는 공평하다

이 책을 읽는 분들이 이제 막 직장에 취직한 사회 초년생일 수도, 많은 시간을 직장에서 보낸 경력자일 수도 있다. 또는 주부일 수도 있으며 은퇴 후 제2의 인생을 준비 중인 분일 수도 있다. 다양한 사람들이 읽고 계시겠지만, 결론은 하나다. 처음부터 공매를 잘하는 사람은 없다. 관심을 갖고 반복하니 잘하게 되는 것이다. 여러분이 누구든 공매는 공평하게 기회를 제공한다. 따라서 걱정과 두려움은 저 멀리 밀어놓고 할 수 있다는 자심감을 갖고 도전해보길 바란다. 그 옆에서 필자도 적극적으로 도울 것이다.

부자 꿈의 설계도가 되어줄
공매 투자, 지금이 기회다

제1판 1쇄 2021년 4월 15일
제1판 2쇄 2022년 4월 15일

지은이 김현식, 양선승, 백석기, 추수권
펴낸이 서정희 **펴낸곳** 매경출판(주)
기획제작 (주)두드림미디어
책임편집 최윤경 **디자인** 얼앤똘비악 earl_tolbiac@naver.com
마케팅 강윤현, 신영병, 이진희, 김예인

매경출판(주)
등록 2003년 4월 24일(No. 2-3759)
주소 (04557) 서울시 중구 충무로 2(필동1가) 매일경제 별관 2층 매경출판(주)
홈페이지 www.mkbook.co.kr
전화 02)333-3577
이메일 dodreamedia@naver.com(원고 투고 및 출판 관련 문의)
인쇄·제본 ㈜M-print 031)8071-0961
ISBN 979-11-6484-234-6 (03320)

책 내용에 관한 궁금증은 표지 앞날개에 있는 저자의 이메일이나
저자의 각종 SNS 연락처로 문의해주시길 바랍니다.

책값은 뒤표지에 있습니다.
파본은 구입하신 서점에서 교환해드립니다.

매일경제신문사 부동산 도서 목록

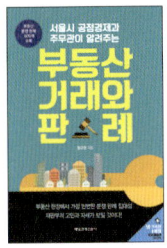

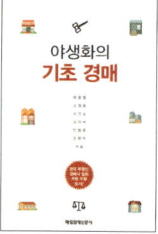

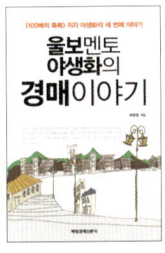   

㈜두드림미디어 카페(https://cafe.naver.com/dodreamedia)